D1725597

бенджамен хофф

ДЭ
ПЯТАЧКА

санкт-петербург
АМФОРА
2004

ББК 87(7Сое)
X 85

BENJAMIN HOFF
The Te of Piglet

Перевел с английского Л. Н. Высоцкий

*Издательство выражает благодарность
литературному агентству Andrew Nurnberg
и издательству Dutton (подразделение Penguin Group (USA) Inc.)
за содействие в приобретении прав,
а также фонду The Trustees of the Pooh Properties
за разрешение использовать
иллюстрации Э. Шепарда и цитаты А.Милна*

*Впервые опубликовано в США под названием The Te of Piglet,
автор Бенджамин Хофф*

*Защиту интеллектуальной собственности и прав
издательской группы «Амфора»
осуществляет юридическая компания
«Усков и Партнеры»*

ISBN 5-94278-676-3

Посвящается Лань Цай-хэ

— Трудно быть храбрым, — сказал Пятачок, — когда ты всего лишь Очень Маленькое Существо.

Кролик, который тем временем начал что-то писать, на секунду поднял глаза и сказал:

— Именно потому, что ты Очень Маленькое Существо, ты будешь очень полезен в предстоящем нам приключении.

Содержание

Как? Опять?!

Как-то на днях я наткнулся на Пятачка, сидевшего в одиночестве на письменном столе и мечтательно глядевшего в окно. Я спросил его, чем он занимается.

— Да так, испытываю одно желание, — ответил он.

— И чего же ты желаешь?

— Да ничего особенного, — пробормотал он, и ушки его порозовели больше обычного.

— Ты ведь знаешь, что я не буду смеяться над тобой, если ты признаешься мне.

— Ну, я просто мечтал...

— Да-да...?

— Мечтал о том... чтобы кто-нибудь когда-нибудь обратил на меня внимание.

— Я всегда обращаю на тебя внимание.

— Я хотел сказать... Ну, в общем, большинство людей в основном обращает внимание на Пуха...

— Да, действительно, большинство людей в основном так и делает. С тех самых пор, как вышла первая книга о нем — давно уже.

— А теперь особенно, — сказал Пятачок. — Ты знаешь, из-за чего.

— Ах, да... — сказал я. — Я сразу не сообразил.

Тут наступила моя очередь мечтательно глядеть в окно, вспоминая весну 1982 года. Ведь именно тогда издательство «Даттон» выпустило мою книгу «Дао Винни-Пуха». Теперь кажется, что это было так давно...

Замысел «Дао Винни-Пуха» возник у меня как реакция на сложившуюся тогда ситуацию — и сложившуюся, на мой взгляд, неудачно. В нашей литературе по китайской даосской философии — которая, как я в то время уже понимал, представляла собой нечто гораздо большее, чем просто философия, и отнюдь не только «китайское» — в течение многих лет всем заправляли ученые умы, заинтересованные, похоже, лишь в том, чтобы выискивать и каталогизировать все мельчайшие несущественные подробности и пререкаться друг с другом по этому поводу, вместо того чтобы раскрыть жизненную мудрость даосских принципов.

Я посвятил изучению этих принципов значительную часть своей жизни; некоторые из моих учителей имели официальный статус, другие не имели его, некоторые были китайцами, другие не были, некоторые были людьми, другие не были (последние-то и были лучшими из всех). Я видел, как даосские принципы искажаются и перевираются в ученых трактатах, написанных людьми, которые не были даосами, которые никогда у даосов не учились и не пользовались навыками и приемами, выработанными даосизмом, — но при этом они монополизировали даосскую тему и высмеивали всякого, кто считал, что даосизм — это не совсем то, что им представляется.

Мне попадался, например, составленный даосским философом Чжуан-цзы свод правил по искусству фехтования, который был переведен одним из Авторитетов в этой области, явно ничего не смыслившим в боевых искусствах... Меня стал мучить вопрос, нельзя ли со всем этим что-нибудь сделать.

И вот однажды, когда я прочитал кому-то цитату из «Винни-Пуха» А. А. Милна, меня вдруг осенила Идея. Можно написать книгу, объясняющую основные принципы даосизма на примере персонажей этой сказки Милна. Это позволит, как мне представлялось, вырвать даосизм из цепких лап суперакадемиков и вернуть ему непосредственность детского восприятия и чувство юмора, которые они из него изъяли.

Когда я поделился своей идеей с несколькими личностями типа Иа-Иа, они посоветовали мне не делать этого. Но я всегда считал, что прислушиваться к их советам — последнее дело. Наоборот, если один из Иа-Иа выступает против чего-нибудь, то, скорее всего, в этом есть что-то ценное.

Так что я написал книжку, ее опубликовали, и на этом (как мне казалось) вопрос был закрыт. Но оказалось, что не был. Оказалось, что его еще только открыли.

До выхода книжки «Дао Винни-Пуха» на Западе редко можно было услышать что-нибудь о даосизме за пределами узкого круга специалистов соответствующего профиля и мистиков. Но сегодня даосские принципы рассматриваются в публикациях, посвященных бизнесу, науке, психологии, здравоохранению, спорту, музыке, искусству, литературе, компьютерному программированию и другим предметам. Они обсуждаются на заседаниях руководства промышленных корпораций при выработке стратегических планов, на семинарах в университетах и колледжах, а также всевозможных прочих сборищах. Мне приходилось слышать и читать, что при изучении основ даосизма теперь рекомендуют обращаться к «Дао Винни-Пуха». В философских колледжах книга используется в качестве учебного пособия, психоаналитики рекомендуют ее своим пациентам, проповедники цитируют ее с кафедры, инструкторы по китайскому единоборству читают ее своим ученикам и так далее. Мне даже говорили, что хозяева некоторых мотелей подсовывают ее среди прочих книг в номера к постояльцам для чтения. Похоже, что книгу «Дао Винни-Пуха» (известную также под названиями «The Tao of Pooh», «Le Tao de Pooh», «Tao enligt Puh», «Nalle Puh ja Tao» и другими) читают и любят во всем мире. И это, надо сказать, чрезвычайно радует Пуха.

— Ой, Пух! — сказали Все-Все-Все, за исключением Иа-Иа.

— Спасибо! — еле-еле выговорил Пух.

А Иа-Иа бормотал себе под нос:

— Подумаешь, карандаши или как их там. Писалки! Большое дело! Кому они нужны! Чепуха!*

Короче говоря, «Дао Винни-Пуха» пользуется необыкновенным успехом. И до самого последнего времени я думал, что этим все и кончится. Я объяснил принципы даосизма. Мы с Пухом и его друзьями замечательно поразвлекались. У меня были другие дела, другие заботы. «Сколько можно радоваться этому Необыкновенному Успеху? Мне пора идти дальше», — говорил я. Но меня не желали отпускать. — «Нет-нет, я не собираюсь писать никакого продолжения. Терпеть не могу продолжений. Большое спасибо. Всего хорошего».

---

* Цитаты из сказки А. Милна даны в переводе Б. Заходера. — *Здесь и далее примечания переводчика.*

Но очень медленно и тихо — так тихо, что я очень долго ничего не замечал, — что-то начало копошиться в глубине моего сознания. Какой-то тоненький голосок пытался привлечь мое внимание. И вскоре я понял, что это голос Пятачка. В конце концов я начал прислушиваться к нему. Послушав некоторое время, стал записывать... Пятачок убеждал меня, что многое еще осталось недосказанным, и никто об этом не говорит, а это очень нужно сегодня. «И в ближайшем будущем, — добавил он, — будет еще нужнее». И вовсе не обязательно, чтобы это было продолжением «Дао Винни Пуха», это может быть просто еще одной книгой на ту же тему, такой же, какой был «Дом на Пуховой Опушке» после «Винни-Пуха». Почему я дал себя уговорить? Ответ кроется в моем прошлом.

В детстве, когда мне впервые прочитали сказку про Винни-Пуха, мне очень понравился Пятачок, он сразу же стал моим любимым персонажем. Я отчетливо чувствовал это, но не знал почему. Теперь я знаю. И надеюсь, что, читая эту книгу, вы тоже поймете почему.

Суесловие

Сначала мы хотели назвать эту часть, как водится, предисловием, но перед ним, как видите, затесались всякие рассуждения, так что слово «предисловие» здесь уже, вроде бы, не годится. Мы решили проконсультироваться у Совы, которая является известным авторитетом в делах подобного рода.

Мы спросили ее, как правильнее назвать предисловие, которое надо всунуть между вводной частью книги и основным текстом. «Суесловие», — не задумываясь, ответила она. Ну а раз уж Сова считает, что это суесловие, то, значит, так тому и быть.

Самое первое, что надо...

— А обо мне там есть что-нибудь? — спросил Пух.

— А, Пух! Я и не знал, что ты здесь.

— Теперь меня уже никто не замечает, — произнес он печально.

— Ну что ты, Пух! Разумеется, ты там присутствуешь. Как раз в данный момент.

— Это хорошо, — сказал он, заметно приободрившись.

В этом суесловии мы хотим объяснить...

— В этом чем? — спросил Пух.

— Суесловии. Это то, чем мы сейчас занимаемся.

— Это примерно то же самое, что многословие?

— Ну да, что-то в том же роде.

Как бы эта часть ни называлась, мы должны в ней сказать — только очень тихо, — что эта книжка будет не совсем о Пухе...

— Прошу прощения, — вмешался Пух, — кто-то произнес мое имя или мне послышалось?

— Я ничего не слышал, — ответил я.

— Хм...

— Послушай, Пух, а кто это там на дереве за окном? По-моему, это какая-то редкая птица. Или, может, рыба?

— Я ничего не вижу на дереве, — сказал Пух.

— Я уверен, что это рыба. Какой-то редкий вид.

— Да уж, наверное, редкий, — сказал Пух, — раз он на дереве.

— Пух, может, ты сходил бы и выяснил, а? Давай, я открою тебе дверь. Разведай там все как следует. Всего хорошего.

Так вот, эта книга не столько о Пухе, сколько о Пятачке. И проводником на нашем пути на этот раз будет не уютно устроившийся в жизни и всем довольный Пух, а робкий, вечно о чем-то тоскующий и куда-то стремящийся Пятачок. А это значит, что мы будем смотреть на вещи под несколько иным углом зрения. Поскольку мы будем иметь дело с более робким животным, то и книга, возможно, получится более серьезной, чем прежняя. Хотя...

— А, вот ты где! — сказал Кролик. — Пятачок упал в корзину для мусора!

Хотя, может быть, «серьезный» — не совсем подходящее слово. Может быть...

— Помогите! Помогите!

...Может быть, правильнее было бы сказать, что она будет не такой шумной.

ТР-РАХ!

— Господи Боже, что это было?

— Тигра вызволил его из корзины, — объяснил Кролик.

— Бедный Пятачок. Скажи ему, что я буду там немедленно.

Прошу простить.

Что-то-там-восточное Пятачка

В один прекрасный день, когда солнце снова встало над Лесом и в воздухе разлился майский аромат; когда все речонки и ручейки в Лесу звонко журчали, радуясь, что опять стали маленькими и хорошенькими, а вода в тихих, сонных лужицах только грезила о чудесах, которые ей довелось повидать, и о славных делах, которые она совершила; когда в теплой лесной тишине Кукушка заботливо пробовала свой голос и трепетно вслушивалась, стараясь понять — нравится он ей или нет; когда Горлицы кротко жаловались друг другу, лениво повторяя, что дрругой, дрругой виноват, но все рравно, все рравно все прройдет, — именно в такой день Кристофер Робин свистнул на свой особенный манер и Сова тут же прилетела из Дремучего-Дремучего Леса — узнать, что требуется.

— А, Пух, Пятачок! Заходите, устраивайтесь поудобнее. Вы пришли как раз вовремя, чтобы...

— Перекусить? — встрепенулся Пух.

— Нет, чтобы заняться даосизмом.

— А это не опасно? — спросил Пятачок.

— Нет, конечно. Ты же знаешь, что такое даосизм.

— Я?.. А, ну да... само собой, — произнес Пятачок не очень уверенно.

— И прежде, чем двигаться дальше, нам надо объяснить это всем.

— Но мы ведь уже объясняли, — сказал Пух.

— Да, в книге «Дао Винни-Пуха». А теперь надо снова объяснить. На случай если...

— Если что? — испуганно спросил Пятачок.

— Ну... просто на всякий случай. Я думаю, Пух мог бы сказать что-нибудь по этому поводу — если, конечно, он помнит, что такое даосизм.

— Конечно, помню, — сказал Пух. — Это... Ну, это самое... Или нет?.. Дело в том, что...

— Я так и думал.

— Когда вы с Пухом объясняли даосизм в прошлый раз, — сказал Пятачок, — то ездили для этого в Китай. Если мы опять поедем туда, мне надо будет собрать кое-какие вещи.

— Нет, мы не поедем в Китай. Мы останемся здесь.

— Это хорошо, — отозвался Пух и направился на кухню.

— Сначала мы приведем то объяснение происхождения даосизма, которое давали сами даосы. А для этого нам не надо никуда ездить, потому что в какой бы точке мира мы ни находились, это и будет тем местом, где зародился даосизм — и неважно, что тогда он назывался по-другому. А произошло это еще до Великого Отчуждения...

Тысячи лет назад человек жил в гармонии с миром природы. Он умел разговаривать с животными, растениями, представителями других форм жизни (сегодня мы назвали бы это телепатией) и ни одну из них не рассматривал как более «низкую» — просто как другую, с другими функциями. Он работал бок о бок с земными ангелами и духами природы и вместе с ними заботился о сохранении этого мира.

Земная атмосфера тогда заметно отличалась от сегодняшней, в ней было гораздо больше влаги, необходимой для жизни растений. Произрастало огромное число разнообразных злаков, фруктов, овощей и прочих плодов, годных в пищу. Благодаря такой диете и отсутствию искусственных проблем человек жил гораздо дольше, чем сегодня. Убить животное ради пропитания или «из спортивного интереса» было немыслимо. Человек жил в мире с самим собой и с другими видами, существующими на земле, и считал их своими учителями и друзьями.

Но постепенно — на первых порах исподволь, затем все заметнее — начало развиваться и проявлять себя человеческое «эго», стремившееся к самоутверждению. И наконец, после того как оно причинило всем множество всяческих неприятностей, было достигнуто соглашение: человек будет жить в мире один, что должно послужить ему уроком. Прежняя связь с миром была прервана.

Но, живя в отрыве от создавшего его мира — со всем его богатством и многообразием, — человек чувствовал себя несчастным. И начались поиски утраченного счастья. Столкнувшись с чем-нибудь, напоминавшим ему о прошлом, человек стремился овладеть этим, и как можно в больших количествах. Так в его жизни возникла Озабоченность. Но погоня за временными суррогатами всеобъемлющего счастья не приносила ему удовлетворения.

Он утратил способность воспринимать то, о чем говорили представители других форм жизни, и ему оставалось только пытаться понять их по их действиям, но очень часто и это он понимал неправильно. Из-за того что человек больше не сотрудничал с земными ангелами и природными духами ради общего блага, а старался управлять силами природы в собственных интересах, растения начали чахнуть и умирать. А когда уменьшилось количество растений, собиравших влагу и выделявших ее в атмосферу, воздух стал слишком сухим и появились пустыни. Выжило относительно небольшое число растительных видов; постепенно представители этих видов уменьшались в размерах и становились более жесткими. В конце концов они утратили яркую окраску, свойственную их предкам, и стали хуже плодоносить. Соответственно, укорачивался и срок жизни человека, распространялись всевозможные болезни. Поскольку пригодных в пищу растений стало меньше, а чувства человека притупились, он начал убивать и поедать своих друзей — животных. Вскоре при его появлении они стали убегать или прятаться, относясь с подозрением ко всему, что он делал. Так росло отчуждение. Спустя несколько поколений лишь очень немногие люди имели представление о том, какова была жизнь прежде.

По мере того как человек все больше стремился покорить природу и обращался с ней все более жестоко, сфера его социальной и духовной жизни сузилась: теперь его интересовала лишь человеческая раса. И он стремился покорить других людей и обращался с ними все более жестоко. Люди убивали и захватывали друг друга в рабство, создавали армии и империи и заставляли всех, кто выглядел, говорил и думал иначе, чем они, подчиняться тому, что, по их мнению, было правильным.

Жизнь стала настолько ничтожной, что две или три тысячи лет назад на земле начали рождаться идеальные души в человеческом обличье, чтобы преподать людям забытые истины. Но люди уже настолько замкнулись в себе, стали настолько невосприимчивы к универсальным законам, действующим в мире природы, что и эти истины лишь частично доходили до них.

Со временем учение идеальных душ освоили организации, подверженные всем человеческим недостаткам, и они видоизменили его в соответствии с насущными политическими задачами. В этих организациях выделились вожаки, стремившиеся к власти. Они не придавали значения иным формам жизни, кроме одной — человека, поэтому отбросили положения старого учения, утверждавшие, что эти формы тоже наделены душой, мудростью и божественной сущностью и неразрывно связаны с небесами и с божественным началом, которое может быть достигнуто всяким, кто не находится в плену своего «эго» и следует универсальным законам. Вожаки, рвущиеся к власти, внушали членам своих организаций, что на небеса после смерти могут попасть только люди — и только те из них, кто получит на то санкцию их организации. Так из-за вмешательства человеческого «эго» даже идеальные души были бессильны восстановить целостность истины.

Люди, сохранившие мудрость и способность чувствовать, передавали из поколения в поколение информацию о Великом Отчуждении и о Золотом Веке, существовавшем до него. Сегодня на нашем индустриальном Западе эту информацию относят к легендам и мифам — фантазиям, которые, якобы, порождены безудержным воображением, построены на эмоциях и рассчитаны на простодушных и доверчивых. Несмотря на то что многие видели земных ангелов и общались с ними, что не одна группа людей, объединенных духовными запросами, выращивала — благодаря их помощи — поразительные урожаи, от этих свидетельств отмахивались, считая их «выдумками». Красочное и изложенное доступным языком описание Великого Отчуждения можно найти в священных книгах всех мировых религий, но вряд ли даже приверженцы этих религий по-настоящему верят в реальность описанного.

Тем не менее ряд верований, навыков и умений, существовавших до Великого Отчуждения, сохранился и поныне. На североамериканском континенте их можно наблюдать в племенах туземных индейцев — точнее, остатках этих племен. В Европе они практически исчезли, за исключением отдельных объектов относительно недавнего происхождения, — таких, как круги из камней и линии на земле, которые китайцы называют «драконовыми венами» — каналами, передающими земную энергию. В Тибете, вплоть до захвата его коммунистами, знания древности сохранялись в тибетском буддизме, чьи секреты и обряды возникли на несколько тысячелетий раньше учения Будды. В Японии их можно обнаружить в некоторых поверьях и ритуалах народной религии синто («духовный путь»). В Китае их хранителем испокон веков был даосизм. И вопреки яростному преследованию со стороны китайского коммунистического руководства они существуют и поныне.

Если коротко, даосизм — это жизнь в согласии с *дао, путем Вселенной*. Его суть раскрывается в явлениях природы. Даосизм — это и философия, и религия, но вместе с тем ни то, ни другое, потому что западные дефиниции не вполне точно определяют его суть.

В Китае даосизм служил, по сути дела, противовесом конфуцианству — насквозь кодифицированному и ритуализованному течению, основанному Кун Фу-цзы, или «Мудрым учителем Куном», который больше известен на Западе под именем Конфуция. Хотя конфуцианство не является религией в западном смысле этого слова, можно проследить определенное сходство между ним и христианским пуританством: оно так же ставит во главу угла человека, а природу игнорирует, так же авторитарно требует от своих приверженцев строгого соблюдения всех выработанных им норм и так же нетерпимо относится ко всем жизненным проявлениям, не укладывающимся в рамки его учения. Конфуцианство сосредоточено главным образом на межличностных и межчеловеческих отношениях, подчиненных социальным и политическим правилам и определенной иерархии. Оно развивалось в первую очередь в области государственного управления, коммерции, клановых и семейных отношений и всегда уделяло большое внимание почитанию предков. Основные принципы конфуцианства — праведность, воспитанность, доброжела-тельность, благонадежность, честность, ответ-ственность и справедливость. Короче говоря, конфуцианство рассматривает человека как часть коллектива.

Даосизм же, в противоположность ему, прежде всего интересуется отношениями чело-века с миром. Его положения связаны в основ-ном с наукой, художественным творчеством, духовной сферой. Даосизм положил начало ки-тайским науке, медицине, садоводству, ланд-шафтной живописи и поэзии, воспевающей природу. Его ключевыми принципами являются естественная простота, непринужденное дей-ствие, спонтанность и сострадание. Разница между конфуцианством и даосизмом наиболее заметна в их внешних проявлениях: конфуци-анство почтенно, требовательно, зачастую су-рово; даосизм мягок, жизнерадостен, по-детски безмятежен. Его суть лучше всего выражает любимый символ даосов — текущая вода.

«Отцов» классического даосизма было трое: во-первых, Лао-цзы («Учитель Лао»), написав-ший главный даосский труд «Дао дэ цзин», которому, как говорят, примерно две с половиной тысячи лет; во-вторых, Чжуан-цзы («Учитель Чжуан»), автор нескольких работ и основатель школы писателей и философов, живший в период «Борющихся царств» более двух тысяч лет назад; и, в-третьих, полулегендарный Желтый Император, правивший более сорока пяти столетий назад, — ему приписывают авторство различных медитативных, алхимических и медицинских принципов и методик. Именно эта троица сумела оформить даосскую мысль в виде целостного учения и обеспечить его жизнь в веках, а не первые даосы того периода, который Чжуан-цзы назвал «веком Совершенной Добродетели»:

В век Совершенной Добродетели люди жили вместе с животными и птицами как одна большая семья. Таких понятий, как «высший» и «низший», которые разделяли бы людей или один вид от другого, тогда не существовало. Всем людям была присуща их естественная добродетель и все жили в состоянии природной простоты...

В век Совершенной Добродетели мудрость и талант человека не считались чем-то особенным. На мудрых людей смотрели просто как на ветви, растущие на самом верху человеческого древа, чуть ближе к солнцу. Люди вели себя достойно, не зная таких слов, как «праведность» и «воспитанность». Они любили и уважали друг друга, не называя это «доброжелательностью». Они были честны и добросовестны, не подозревая, что это означает «благонадежность». Они держали свое слово, не стараясь выглядеть «честными». В повседневной жизни они помогали друг другу и пользовались услугами других, не думая об «ответственности». Их не беспокоила мысль о «справедливости», потому что не было несправедливости. Они жили в гармонии с самими собой, с другими людьми и со всем миром, не внося в него никаких изменений, и потому они не оставили нам вещественных доказательств своего существования*.

Еще со времени Великого Отчуждения даосы стремились достичь состояния Совершенной Добродетели, избегая всего, что препятствовало гармонии с дао.

Затронув вопрос о Добродетели, мы подходим к объяснению названия этой книги.

— Ну, наконец-то! Я все ждал, когда же мы до этого доберемся, — сказал Пятачок.

— Я тоже. Итак...

Прежде всего, если вы стремитесь к точности, вам следует знать, что при правильном китайском произношении слова *дэ* в конце его слышится едва уловимый звук «р»: *ДЭр*. А если вы хотите быть еще точнее, то его надо произносить как нечто среднее между *ДЭр* и *ДЁр*.

— А если вам и этой точности недостаточно, то можете поступить на заочные курсы китайского языка, — ввернул Иа-Иа.

— Иа? Я думал, ты на своем болоте.

— Если уж тут говорится о точности, то это не «болото», а Низина. НИ-ЗИ-НА. Да, я там был. А затем совершил ошибку, придя сюда. А теперь, услышав все, что меня интересует, я возвращаюсь к себе.

— Что ж, не смеем задерживать.

— Ох уж, эти объяснения... — пробурчал Иа, выходя за дверь.

— И почему только Иа всегда такой? — вздохнул Пятачок.

— Не всегда, — сказал я. — Иногда он бывает еще хуже.

В классическом китайском языке слово *дэ* пишется двумя способами. В первом случае иероглиф, означающий «честность», соединяется с иероглифом, означающим «сердце». Вместе они образуют значение «добродетель». При втором способе написания соединение осуществляется с иероглифом, означающим «левая нога», который подразумевает также и «шаг вперед». В итоге получается «действенная добродетель».

Дэ — это не безразмерная, одинаковая для всех добродетель (или образцовое поведение), какую предполагает русский перевод этого слова. Это такое особое качество, духовная сила или скрытый потенциал, которые характерны именно для данного человека и проистекают из Внутренней Природы вещей. Человек может даже не подозревать, что обладает этим качеством, — как это наблюдается у Пятачка почти во всех его приключениях.

В этой книге мы рассмотрим процесс превращения простой Добродетели в Действенную. А из всей Пуховой компании, как нам представляется, легче всего проследить этот процесс на примере Пятачка, потому что в этих историях именно с ним, и лишь с ним одним, происходит подобное превращение.

Очень маленькое Существо

Лучший друг Винни-Пуха, крошечный поросенок, которого звали Пятачок, жил в большом-пребольшом доме, в большом-пребольшом дереве. Дерево стояло в самой середине Леса, дом был в самой середине дерева, а Пятачок жил в самой середине дома. А рядом с домом стоял столбик, на котором была прибита поломанная доска с надписью, и тот, кто умел немножко читать, мог прочесть:

Посторонним В.

А больше никто ничего не мог прочесть, даже тот, кто умел читать совсем хорошо.

Как-то Кристофер Робин спросил у Пятачка, что тут, на доске, написано. Пятачок сразу же сказал, что тут написано имя его дедушки и что эта доска с надписью — их фамильная реликвия, то есть семейная драгоценность.

Кристофер Робин сказал, что не может быть такого имени — Посторонним В., а Пятачок ответил, что нет, может, нет, может, потому что дедушку же так звали! И «В» — это просто сокращение, а полностью дедушку звали Посторонним Вилли, а это тоже сокращение имени Вильям Посторонним.

— У дедушки было два имени, — пояснил он, — специально на тот случай, если он одно где-нибудь потеряет.

Так мы знакомимся с Пятачком в третьей главе «Винни-Пуха». Он ищет убежища в середине дома, устроенного в середине дерева, растущего в середине леса; ему хочется быть Значительным Лицом, и потому он изобретает дедушку по имени Вильям Посторонним; он — Очень Маленькое Существо с писклявым голоском и розовыми щечками. В отличие от Пуха, который просто Существует, Пятачок все время что-нибудь Переживает.

К примеру, когда он вместе с Пухом упал в Яму для Гравия...

— Пух, — продолжал он встревоженно и пододвинулся к Пуху поближе, — Пух, ты думаешь — мы в Ловушке?

Пух об этом вообще не думал, но тут он кивнул. Потому что он внезапно вспомнил, как они с Пятачком устроили Хитрую Пухову Ловушку для Слонопотамов, и он сразу догадался, что сейчас случилось. Они с Пятачком угодили в Слонопотамскую Ловушку Для Пухов! Никаких сомнений!

— А что же будет, когда Слонопотам придет? — спросил Пятачок, весь дрожа, когда узнал эти новости.

— Может, он тебя не заметит, Пятачок, — ободрительно сказал Пух, — потому что ты ведь — Очень Маленькое Существо.

— Но тебя-то он заметит, Пух.

— Он заметит меня, а я замечу его, — сказал Пух, вслух обдумывая положение. — Мы будем долго-долго замечать друг друга, а потом он скажет «ХО-ХО!».

Пятачок слегка вздрогнул, представив себе это «ХО-ХО!», и ушки его затрепетали.

— А... а ты что скажешь? — спросил он.

Пух попытался себе представить, что он скажет, но чем больше он пытался, тем больше чувствовал, что на такое «ХО-ХО!», сказанное Слонопотамом, да еще таким голосом, каким ЭТОТ Слонопотам собирался сказать «ХО-ХО!», просто нет подходящего ответа...

— Я, наверно, ничего не скажу, — сказал Пух наконец. — Я буду просто мурлыкать про себя Шумелку, как будто я задумался.

— А он тогда, наверно, опять скажет «ХО-ХО!»? — предположил Пятачок.

— Скажет, — согласился Пух.

Ушки Пятачка затрепыхались с такой силой, что ему пришлось прижать их к стене Ловушки, чтобы остановить.

— Он опять скажет «ХО-ХО!», — продолжал Пух, — а я буду шумелкать и шумелкать... И это его расстроит... Потому что если вы скажете кому-то «ХО-ХО!» целых два раза, да еще таким злорадным голосом, а этот кто-то только шумелкает, то тогда вы вдруг поймете, — как раз когда собираетесь сказать «ХО-ХО!» в третий раз, что... что... Ну, да, вы поймете...

Пух хочет сказать, что тогда этот возглас больше не будет таким ХО-ХОШНЫМ. По крайней мере, нам кажется, что он хочет сказать именно это.

— А тогда он скажет что-нибудь другое, — сказал Пятачок.

— То-то и оно. Он скажет: «Что же это такое?» А тогда я скажу — и, кстати, это очень хорошая мысль, Пятачок, я ее сию минуту придумал — я скажу: «Это ловушка для Слонопотамов, которую я построил, и теперь я жду, чтобы в нее попал Слонопотам!» — и буду дальше шумелкать. И уж тут он совсем растеряется.

— Пух! — закричал Пятачок ... — Пух, ты нас спас.

— Ну да? — сказал Пух. Он не был в этом уверен.

Но Пятачок был совершенно уверен; воображение его заработало, и он прямо-таки увидел, как Пух и Слонопотам раз-

42

говаривают друг с другом, и вдруг он (не без огорчения) подумал, насколько было бы лучше, если бы со Слонопотамом разговаривал не Пух (как он ни любил Пуха), а Пятачок, потому что ведь у него, по правде говоря, больше ума, и разговор получился бы куда интересней, если бы одним из собеседников был не Пух, а Пятачок. И как было бы приятно потом по вечерам вспоминать тот день, когда он отвечал Слонопотаму так отважно, словно никакого Слонопотама тут и не бывало. Теперь это казалось так легко!

Так развивались события в Яме для Гравия, пока не пришел Кристофер Робин и не увидел на дне ямы Пятачка и Пуха. Тут ситуация несколько усложнилась:

– ХО-ХО! – сказал Кристофер Робин громко и неожиданно.

Пятачок подскочил чуть ли не на полметра в воздух – от Неожиданности и Испуга. Пух продолжал дремать.

«Это Слонопотам, – подумал Пятачок, трепеща. – Ну, пора!» Он немного прочистил горло, чтобы слова, не дай Бог, не застряли, и потом самым беззаботным тоном, каким мог, замурлыкал:

– Тара-тара-тара-рам! – ... Но оглядываться он не стал, потому что, если ты оглянешься и увидишь Очень Свирепого Слонопотама, который стоит над тобой и смотрит сверху, – ты иногда можешь забыть то, что собирался сказать.

— Трам-пам-пам-триррам-пам-пам! — сказал Кристофер Робин почти что Пуховым голосом...

«Ой, а он говорит совсем не то, — встревоженно подумал Пятачок. — Он должен был опять сказать «Хо-хо!». Может, лучше я скажу за него?»

И Пятачок как можно свирепее сказал:

— ХО-ХО!

— Как ты сюда попал, Пятачок? — спросил Кристофер Робин своим обычным голосом.

«Это у-ужасно, — подумал Пятачок. — Сначала он говорит Пуховым голосом, а потом он говорит Кристофер-Робиновым голосом — и все нарочно, чтобы меня расстроить!»

И — Совершенно Расстроенный — бедный Пятачок заговорил быстро и очень пискливо:

— Это Ловушка для Пухов, и я жду, что туда упаду, хо-хо-хо-хо, что это такое, а потом я опять скажу «Хо-хо!».

— Что? — спросил Кристофер Робин.

— Ловушка для Хо-хо-хов! — хрипло ответил Пятачок. — Я ее только что сам сделал и жду, что Хо-хо сам туда шлеп-шлеп-топ-топ!

Мм-да... Пожалуй, это не очень страшно...

— А, Пятачок, привет! Что это за мордоворот, с которым я видел тебя на днях?

— Это мой новый телохранитель, — пропищал Пятачок.

— Телохранитель?! С чего это вдруг тебе понадобились телохранители? Ты что, сам не можешь о себе позаботиться?

— Могу, наверное. Но с ним я чувствую себя гораздо увереннее.

— На вид очень крутой парень. Надеюсь, ты проверил его рекомендации.

— Рекомендации?

— Ну да. Характеристики с тех мест, где он раньше работал. Неизвестно ведь, что он делал до сих пор. Может, его не раз задерживала полиция, он был в заключении, или еще что-нибудь вроде этого?

— Я... я думаю, нет, — пробормотал Пятачок.

— Ну, будем надеяться на лучшее. Если тебе действительно нужна защита. Кстати, куда делось твое фамильное серебро?

— Что???

— Серебряные ложки, вилки, ножи и прочее. В ящике, где они всегда лежали, пусто. Я просто подумал, что, может быть...

— Нет! — проблеял Пятачок. — Не может быть, чтобы он... То есть, чтобы они... Они просто где-то в другом месте. Да, наверно, так и есть. Они... Я.... Прости, мне нужно идти. До свидания.

Очень странно.

Надо сказать, что даосизм всегда с большой симпатией относился к Очень Маленьким Существам. В традиционном китайском обществе, где доминировало конфуцианство, животных рассматривали лишь как еду, объект жертвоприношения или тягловую силу, а Очень Маленькими Существами были женщины, дети и бедняки. Бедняки, угнетаемые жадными торговцами, землевладельцами и правительственными чиновниками, находились на нижней ступени конфуцианской социальной лестницы, а точнее говоря, вообще где-то под ней. Женщины, даже из богатых семей — впрочем, из богатых-то семей в первую очередь — жили ненамного лучше, ибо у конфуцианцев были приняты браки по расчету, многоженство, перевязывание ног (а фактически, переламывание их) и прочие обычаи, настолько подавлявшие женщину, что нашим современникам на Западе трудно даже представить это себе. Детям тоже жилось не слишком-то весело. В представлении железных конфуцианцев, дети существовали на свете исключительно для продолжения рода, должны были во всем беспрекословно подчиняться своим родителям и заботиться о них, когда они состарятся, а каких-либо собственных интересов, идей и идеалов у них быть не могло. По конфуцианским законам, отец имел право убить сына, который ослушался или как-то скомпрометировал его, поскольку такое поведение считалось преступным.

Даосизм, в противоположность этому, считает, что уважения надо добиваться, и если сам отец семейства ведет себя совершенно недопустимо, семья вправе восстать против него. Это в равной степени относилось и к императору с его «семьей» — то есть подданными: народ имел право скинуть жестокого тирана с трона. Высшие государственные чиновники-конфуцианцы жили в постоянном страхе перед тайными обществами даосского или буддистского толка, которые были готовы встать на защиту угнетенных, когда условия их жизни становились невыносимыми, что происходило очень часто.

Даосизм всегда симпатизировал жертвам несправедливости — несчастным и отверженным, включая тех, кто разорился в результате жульнических махинаций коррумпированных чиновников и торговцев и был вынужден стать членом «Братства зеленых лесов» (то есть грабителем) или одним из «Гостей рек и озер» (бродягой). Китайские единоборства были разработаны главным образом доасскими и буддистскими монахами с целью защитить бесправных и научить их самих защищаться — зачастую не столько от бандитов, сколько от солдат правительственных войск, когда те применяли силу против безоружного населения. В то время как буддистские единоборства использовали «жесткие» формы самообороны (от которых произошли *карате и теквондо*, опиравшиеся на силу и прямые удары), даосы предпочитали подвижность и косвенные удары более «мягких» форм *тайцзицюань* и *багуа-чжан*.

Даосские писатели, выступая против злоупотреблений власти, своими средствами делали то же самое, что даосские единоборства — с помощью обезоруживающих противника приемов и расчетливого приложения сил в определенных точках. Используя в своих книгах достоверные факты и художественный вымысел, они обличали преступные действия правителей и высмеивали хитрость, высокомерие, бесцеремонность и жестокость. Хотя конфуцианцы в раздражении не раз пытались положить конец этим обличениям, их попытки обычно не приносили результата, так как широкие массы были настроены против них.

Учитывая, что высокопоставленные и могущественные конфуцианцы, как правило, с пренебрежением относились к животным, а «малые» народы, населявшие Китай, называли «свиньями» или «собаками», не стоит удивляться, что одним из любимых жанров даосских писателей был «анималистический» жанр. Они не только делились своими наблюдениями над реальными животными, но и сочиняли вымышленные истории, где оклеветанные людьми создания вроде мышей, змей и хищных птиц демонстрировали благородство, которое не худо было бы перенять многим представителям так называемой элиты общества. В этих историях смелость, доброта, верность и честность животных контрастировали с претенциозностью и лицемерием богатых землевладельцев, торговцев и правительственных чиновников. Один из первых образцов подобной литературы принадлежит Чжуан-цзы:

Высокопоставленный священнослужитель вошел в своем церковном облачении в свинарник и обратился к свиньям.

— На что вы жалуетесь? — спросил он. — Я буду кормить вас зерном целых три месяца. Затем в течение десяти дней я буду поститься — пока вы будете есть вволю — и три дня буду ухаживать за вами. После этого я расстелю чистые циновки и возложу вас на украшенный резьбой жертвенник, прежде чем отправить в царство духа. Я так буду стараться ради вас, — так чем же вы недовольны?

Если бы священнослужитель действительно заботился о свиньях, то накормил бы их отрубями и мякиной и оставил в покое. Но он смотрел на них с высоты своего положения. Он любил красоваться в пышном облачении и головном уборе, соответствующих его сану, и ездить в нарядном экипаже. Он знал, что, когда он умрет, его с пышностью похоронят в земле и постелют на гроб великолепное покрывало. Все это не значило бы для него так много, если бы он заботился о свиньях.

Богатые конфуцианцы были не единственным объектом сатиры даосских писателей. Подобно братьям Маркс или Лорелу и Харди, они высмеивали гипертрофированное «эго» представителей разных сословий. Доказательством этого может служить притча «Грушевое семечко», принадлежащая перу Пу Сунь-лина, писателя, жившего в эпоху династии Цинь:

Хорошо одетый зажиточный крестьянин торговал выращенными им грушами на городском рынке. Груши были большие и вкусные, и вскоре он выручил за них приличную сумму.

Мимо проходил даос, одетый в заплатанную холстину; на спине он нес небольшую лопатку. Даос остановился у тележки крестьянина и попросил одну грушу. Крестьянин ответил отказом и прогнал его. Но даос не хотел уходить. Крестьянин злился все больше и больше и вскоре уже орал во весь голос.

— Но ведь у тебя сотни груш, — спокойно говорил даос, — а я прошу только одну. Почему же ты так злишься?

На шум собралась большая толпа. Некоторые из зрителей советовали крестьянину отдать даосу побитую грушу, но тот отказывался. Наконец, видя, что скандал того гляди перерастет во всеобщую потасовку, какой-то человек сбегал домой и принес даосу грушу. Тот сердечно поблагодарил этого человека и обернулся к толпе.

— Мы, идущие путем вселенной, ненавидим жадность, — сказал он. — Позвольте мне поделиться этим плодом с вами, добрые люди.

Но никто не хотел брать у даоса кусок груши, все настаивали, чтобы он съел ее сам.

— Все, что мне надо, — это семечко, — сказал даос. — Тогда я смогу отплатить вам добром.

Он съел грушу, оставив только маленькое семечко. Взяв лопатку, он вырыл ямку, бросил в нее семечко и закопал. Затем он попросил теплой воды, и ее принесли из ближайшего магазинчика. Толпа зачарованно наблюдала за тем, как даос поливает посаженное семечко.

Неожиданно из земли появился росток, который быстро превратился во взрослое дерево со множеством ветвей и листьев. Дерево тут же расцвело и принесло богатый урожай крупных, сочных плодов.

Даос раздал груши всем собравшимся, и скоро у него не осталось ни одной. Затем он той же лопаткой перерубил ствол и, помахав зрителям, со счастливым видом удалился, волоча дерево за собой.

Жадный крестьянин наблюдал за всем этим с открытым ртом. Наконец, он повернулся к своим грушам и увидел, что они все до одной исчезли. Стряхнув остатки наваждения, крестьянин понял, что случилось. Он заметил, что прицепной брус его повозки (того же диаметра, что и ствол воображаемого «грушевого дерева») обрублен.

Кинувшись на поиски, крестьянин нашел брус возле стены, где его оставил даос. А самого даоса нигде не было видно. Толпа, довольная тем, как проучили крестьянина, разразилась смехом.

Кажется, кто-то вошел? О! Да...

— Так значит, вы и есть новый телохранитель Пятачка? Ну-ну.

— А что, у тебя какие-то проблемы в связи с этим, приятель?

— Да нет, проблем, вроде бы, никаких.

— Ну вот и хорошо. На твоем месте, дружище, я не стал бы забивать себе голову этими вещами. Мало ли о чем еще можно поразмышлять.

— Да, конечно. Например, о том, как легко потерять равновесие, когда стоишь на незакрепленном коврике, — вроде того, что под тобой.

— Эй, ты это к чему клонишь?

— Да так, ни к чему. Располагайся, будь, как дома.

— Хм. Спасибо.

Чтобы понять, почему даосы поддерживают угнетенных, надо знать, как они в принципе относятся к силе, начиная со всеобщих сил Вселенной и кончая конкретными повседневными примерами. Исторически так сложилось, что даосский взгляд на этот предмет (как и на все прочие предметы) был противоположен конфуцианскому.

Конфуцианская концепция Божественной Силы была несколько расплывчатой и напоминала ближневосточное представление о Боге, выраженное в Ветхом Завете. Конфуцианцы называли своего бога Тянь — «Небеса» или «Верховный правитель». Тянь имел обличье мужчины, иногда свирепого. Его надо было ублажать жертвоприношениями и ритуалами. Он вмешивался в дела людей и наделял некоторых из них особыми полномочиями. Непосредственно от него получал свою суверенную власть китайский император, Сын Небес. Дальше власть распределялась вниз и вширь — от высших чиновников к низшим, от крупных кланов к отдельным родам. Внешность Тянь представлялась конфуцианцам ослепительной — именно поэтому императорская семья и члены крупнейших кланов так любили яркие цвета. Считалось, что материальное благополучие — награда, дарованная Небом, и потому конфуцианцы приравнивали богатство к добродетели. Одним словом, Небо внушало трепет, и его не столько любили, сколько боялись, — отсюда требование беспрекословного подчинения старшим и полное отсутствие в конфуцианском лексиконе таких слов, как сострадание, сочувствие и им подобных. Таков был образ Высшего Божества, который конфуцианцы стремились внедрить в умы простых людей. В том же ключе осуществлялось и правосудие. Обвиняемые не имели права обращаться к адвокатам за советом или защитой их прав. Они должны были вместе с истцами и свидетелями стоять перед судьей на коленях на полу; при этом их иногда заковывали в кандалы. Судья, считавшийся представителем императора в органах местного самоуправления, мог добиваться свидетельских показаний и признаний обвиняемых с помощью пыток, а поскольку по китайским законам преступника нельзя было осудить без его признания, пытки были делом обычным и славились своей изощренностью. Подобное многовековое запугивание населения привело к тому, что люди старались вообще не иметь дел ни с какими правительственными органами или чиновниками. К сожалению, благодаря этой всенародной политике невмешательства, один тиран за другим — включая вождей нынешней бюрократии — беспрепятственно захватывали власть и управляли страной по своему усмотрению.

Даосское верховное божество, в отличие от конфуцианского, было двуполым, что символически выражалось даосским кругом *Тай Цзи* («Великий предел»), разделенным волнистой линией на две половинки — светлую и темную, мужскую и женскую. Миром природы управляла в основном женская половина — Лао-цзы называл ее «Матерью десяти тысяч вещей». Она была мягкой, как текущая вода, и щедрой, как плодородная долина, кормящая всех, кому довелось в ней оказаться. Она скрыта от глаз, едва уловима и таинственна, как пейзаж, смутно вырисовывающийся в тумане. Она не занимает ничью сторону, никому не отдает предпочтения. На ее решения нельзя повлиять, принося ей жертвоприношения и исполняя ритуалы. Верша справедливость, она, как и во всех остальных случаях, действует легким прикосновением, невидимой рукой. По выражению Лао-цзы, «в сети Небес крупные ячейки, но они ничего не пропускают». Чуждая какого-либо высокомерия и самовлюбленности, она доверяет свои самые потаенные секреты не правительственным чиновникам, напыщенным академикам или богатым землевладельцам, а нищим монахам, детям, животным и «дуракам». Если и можно говорить о ее предрасположенности к кому-либо, то разве что ко всему скромному, слабому, маленькому.

И это возвращает нас к Пятачку.

Понятно, что быть Очень Маленьким Существом невыгодно во многих отношениях. Одно из неудобств заключается в том, что большие существа стараются извлечь выгоду из своего превосходства в размерах. Вспомним, например, разработанный Кроликом знаменитый План Похищения Крошки Ру.

Не успели Кенга и Ру появиться в Лесу, как Кролик решил, что они должны его покинуть. Почему — не совсем понятно. Иногда на Кроликов такое находит. Как бы то ни было, план Кролика предусматривал участие Пятачка и

Пуха — или, пользуясь терминологией Кролика, план их задействовал.

Замысел Кролика заключался в том, что Пух должен «запудрить мозги» Кенге разговором или, возможно, декламацией своих стихов (а это кому хочешь запудрит мозги). И тут — Оп-ля!

— Знаешь, Пух, в этом не было необходимости.

— Тогда зачем же ты сказал «Оп-ля»?

А когда мозги у Кенги будут достаточно запудрены, Кролик быстро запихнет ей в сумку Пятачка, сказав, что это Ру, а сам схватит Ру и убежит с ним. А потом, когда Кенга обнаружит пропажу Ру, они втроем (обязательно втроем!) очень громко скажут «АГА!». Как объяснил

Кролик, громкое «АГА!» будет означать, что они похитили Ру и отдадут его только в том случае, если Кенга пообещает покинуть Лес и никогда в него не возвращаться. Кенга это сразу поймет, уверял Кролик, если они втроем (обязательно втроем) скажут «АГА!». Но их план потерпел фиаско, как оно обычно и бывает с Умными Планами Кролика, — во-первых, потому, что Кенги мыслят и реагируют на окружающее не так, как Кролики, а во-вторых, потому, что не прозвучало дружного и громкого «АГА!», способного ее напугать (не говоря уже о том, что неизвестно, как интерпретировала бы Кенга это «АГА!»).

Первая часть операции прошла в целом довольно гладко. Они встретили Кенгу и Ру на полянке. Пух без труда запудрил Кенге мозги, Пятачок запрыгнул в сумку, а Кролик убежал, прихватив Ру. Ничего не подозревающая Кенга поскакала домой (хоп, хоп) с Пятачком в сумке (хоп, хоп, хоп). А Пух остался на полянке, пытаясь (бум, бум) овладеть Кенгиной техникой прыжков (бум... трах!). И только когда Кенга была уже дома, все пошло наперекосяк:

Конечно, дома, как только Кенга расстегнула свой карман, она заметила, что произошло. В первую секунду она чуть было не испугалась, но сразу поняла, что пугаться нечего — ведь она была вполне уверена, что Кристофер Робин никому не позволит обидеть Крошку Ру.

«Хорошо, — сказала она про себя, — раз они решили разыграть меня, я сама их разыграю».

— Ну, Ру, дорогой мой, — сказала она, вытащив поросёнка из кармана, — пора укладываться спать.

— Ага! — сказал Пятачок, стараясь произнести это слово как можно лучше. Но, увы, после такого ужасного путешествия «ага» получилось не очень хорошее, и Кенга, по-видимому, не поняла, что оно означает.

— Сперва купаться! — весело сказала Кенга.

— Ага! — повторил Пятачок, тревожно оглядываясь в поисках остальных.

Но остальных не было...

— Не знаю, — сказала Кенга очень задумчивым голосом, — может быть, тебе лучше сегодня принять холодную ванну? Как ты думаешь, Ру, милый?

Неизвестно, что об этом подумал бы Ру, а вот Пятачку это определенно не понравилось.

Но наконец холодная ванна была принята.

— Ну, — сказала Кенга, — а теперь прими лекарство — и в постель.

— К-к-какое ле-ле-лекарство? — пролепетал Пятачок.

— Рыбий жир, чтобы ты вырос большим и сильным, милый. Ты же не хочешь быть таким маленьким и слабеньким, как Пятачок, правда? Ну, так вот.

В этот момент кто-то постучал в дверь.

— Войдите, — сказала Кенга.

И вошел Кристофер Робин.

— Кристофер Робин, Кристофер Робин! — рыдал Пятачок. — Скажи Кенге, кто я. Она все время говорит, что я Ру! А ведь я не Ру, правда?

Кристофер Робин осмотрел его очень тщательно и покачал головой.

— Конечно, ты не Ру, — сказал он, — потому что я только что видел Ру в гостях у Кролика. Они там играют.

— Ну и ну! — сказала Кенга. — Подумать только! Как это я могла так обознаться!

— Ага, ага! Вот видишь! — сказал Пятачок. — Что я тебе говорил? Я Пятачок!

Кристофер Робин снова покачал головой.

— Нет, ты не Пятачок, — сказал он. — Я хорошо знаю Пятачка, и он совершенно другого цвета.

«Это потому, что я только сию минуту принял ванну», — хотел сказать Пятачок, но успел сообразить, что, пожалуй, говорить этого не стоит. Едва он открыл рот, собираясь сказать что-то совсем другое, Кенга живо всунула ему в рот ложку с лекарством, и похлопала его по спине, и сказала ему, что рыбий жир очень, очень вкусный, когда к нему как следует привыкнешь.

Бедный Пятачок. Ну что ж, бывает.

— Эй, что это за шум там, на улице?

— Кто это? А, телохранитель Пятачка. Я и забыл, что ты здесь. Похоже на какую-то сирену. Надо посмотреть... Ну да, это полиция.

— Что-что?!

— Странно. Они остановились у нашего дома.

— Немедленно отойди от окна!

— Хорошо. Я и не собирался... — Эй!.. Где же он?

Прошу прощения. Пойду открою дверь.

———

Маленький Пятачок, которому вечно мешают всякие фантазии и страхи, который мечтает
стать Значительной Особой, — последний, от
кого все ожидают какого-нибудь незаурядного
поступка. А между тем Пятачок — это именно
тот материал, из которого получаются герои.
Если всмотреться в любого Отважного Спаса-
теля, Доблестного Воина или Заслуженного Де-
ятеля, то под внешней оболочкой крутого парня
почти всегда можно обнаружить Пятачка. Так
было в прошлом, о чем неопровержимо свиде-
тельствует история, и так же будет, мы уверены, в дальнейшем.

Пятачок может показаться во многих отношениях наименее значительным из всех друзей Винни-Пуха. А между тем лишь он оказывается способным измениться, вырасти как
личность. При этом он не борется со своими
маленькими размерами, а использует их ради
общего блага. Он достигает этого, не наращи-
вая большого «эго», и остается по своей сути
Очень Маленьким Существом, но уже *другого типа*.

— Пух, как бы ты описал то, что произошло тогда с Пятачком? — С помощью песенки, — ответил Пух.

— Замечательно. Я надеялся, что ты так и сделаешь.

— ...Грхмм...

Наш мелкий и беззубый зверь
Боится сунуться за дверь,
Но хочет стать совсем другим —
Крутым, зубастым и большим.

А чтоб привычки изменить,
Усилья надо приложить.
Его ж страх перемен гнетет
И нерешительность грызет.

Но даже все твои друзья
Не смогут сделать за тебя
Того, что можешь ты один,
Своих талантов господин.

Ведь для того чтоб победить,
Задатки должен ты развить,
Что втуне у тебя лежат,
И напрягаться не хотят.
И тонкость чувств, и тонкость ног
Ты с пользой применить бы мог,

Когда б ты понял наконец:
Ты по натуре — молодец.
Яви нам мужества пример,
Презри свой маленький размер,
Достигни самых Высших Сфер!

— Спасибо, Пух. Это было превосходно.

— Да, пожалуй, получилось лучше, чем я думал.

Но на пути к достижению Высших Сфер Пятачка подстерегает немало опасностей. Об одной из них говорится в следующей главе.

Эффект Иа-Иа

— Что случилось, Пятачок? — спросил я.

— Я пробирался через заросли цветов, напевая песенку, — сказал он, — и тут появился Иа-Иа.

— Ах, Иа-Иа. И что произошло?

— Он сказал: «Берегись, маленький Пятачок, а то кто-нибудь сорвет тебя вместе с этими анютиными глазками и поставит в вазу на камине. И что ты тогда будешь делать?» После этого он ушел, посмеиваясь.

— Не стоит обращать внимание на то, что говорит Иа-Иа. Просто ему хочется, чтобы другие все время чувствовали, какие они маленькие, особенно если они меньше него. Ему кажется, что это возвышает его в глазах окружающих.

— Если ему нравится чувствовать себя несчастным — пожалуйста, но зачем заражать этим настроением других?

———

У каждого из нас где-то на задворках души прячется желание быть Несчастным. Оно порождает в нашем воображении несуществующие проблемы, которые вылезают наружу и действительно начинают нам мешать. А те проблемы, которые у нас уже были, это желание непомерно преувеличивает. Оно принижает и без того низкую самооценку, и человек перестает уважать себя и других, стремиться к совершенству, порядку, чистоте. Оно превращает встречи в столкновения, надежды в страхи, благоприятные условия в опасности, заставляет спотыкаться о камни, вместо того чтобы перешагивать по ним через лужи. Человек при этом гримасничает и хмурится, мышцы его лица растягиваются, ускоряя процесс старения. Оно отравляет своей отрицательной энергией ум человека и распространяется вокруг, как заразная болезнь. А затем, отраженное другими несчастными лицами и умами, возвращается к человеку. И все повторяется сначала.

Норман Казенс, прослуживший более тридцати лет редактором «Сатердей ревью», так описал «эффект Иа-Иа» в своей статье, написанной после закрытия журнала:

Если «Сатердей ревью» и достиг в чем-нибудь успеха, то исключительно благодаря своему пониманию той большой роли, какую играют идеи и художественное творчество в интеллектуальном развитии человечества. Это понимание становится особенно важным в связи с тем, что наша культура в последние годы буквально заражена возрастающим количеством низкопробных поделок. Создается впечатление, что все, и в первую очередь работники индустрии развлечений и издательского дела, соревнуются в том, у кого вкус хуже...

У многих выработалась странная склонность отождествлять свободу слова с языком трущоб. Некогда люди, имевшие отношение к литературе и искусству, гордились своей способностью выдвигать идеи, способствовавшие борьбе с социальной несправедливостью и насилием. Сейчас же некоторые из них, похоже, считают, что облегчат участь человечества только в том случае, если употребят достаточное количество нецензурной лексики...

Профанация языка не только отражает снижение уровня культуры, но и способствует этому. Малейшее расхождение во мнениях вызывает самые бурные столкновения. Телевидение внушило целому поколению американцев, что нормальной реакцией на любую хоть чуточку обидную фразу является удар по физиономии.

«Эффект Иа-Иа» прослеживается во всех отрицательных явлениях, с которыми мирится общество, — как, например, растущее число пожилых молодых людей, чей жизненный принцип, похоже, выражается фразой «Все равно ничего не получится, так зачем стараться?», сногсшибательная современная мода *a la* концентрационный лагерь или столь милый всем озлобленный взгляд искоса-исподлобья.

«Лобелия одета для того, чтобы убивать или быть убитой, ее ошеломляющий черный кожаный ансамбль просто источает обаяние терроризма. Весь ее вид, ее неуловимый шарм говорят: „Это Харли-Дэвидсон!" *Убери нож, Лобелия!* Эй, кто-нибудь! Ради всего святого, отберите у нее нож, пока она не натворила бед!»

Самый первый Иа-Иа обладал хотя бы толикой мрачноватого юмора, исключающего неуместную веселость. У нынешних Иа-Иа, похоже, даже этого нет. Единственное доступное им чувство — чувство страха. Они боятся ненароком как-нибудь проявить себя, совершить решительный поступок, оказаться вовлеченными во что-либо, выходящее за рамки их «эго». «Это глупо», — говорят Иа-Иа, а выглядеть глупыми они не хотят. (При этом они не имеют ничего против того, чтобы выглядеть парализованными от страха.) К несчастью для всех окружающих, единственное, чего они не боятся делать, — это непрерывно жаловаться. Они скрепя сердце подливают свой наперсток воды в общий «фонтан жизни», а потом с обидой бормочут, что им ничего не досталось.

— Здравствуй, Иа, — сказал Кристофер Робин, открыв дверь и выйдя на двор. — Как ты себя чувствуешь?

— Снег все идет, — мрачно сказал Иа.

— Да, да.

— И мороз.

— Да?

— Да, — сказал Иа. — Однако, — добавил он, немного просветлев, — землетрясений у нас в последнее время не было.

Иа-Иа утверждают, что они реалисты. Но реальность такова, какой ее делают люди. И чем больше негатива вынашивает в себе и выплескивает наружу человек, тем глубже он тонет в нем. Иа-Иа видят только то, что хотят видеть. К примеру, у человека за всю его историю не было такой возможности влиять на окружающую среду, какую он имеет сейчас. Чтобы убедиться в этом, достаточно внимательно посмотреть вокруг. Но «эффект Иа-Иа» внушает людям, что они бессильны. А уверовав в это, они и впрямь становятся бессильными.

– Не знаю, в чем тут дело, Кристофер Робин, но из-за всего этого снега и тому подобного, не говоря уже о сосульках и всем прочем, сейчас в поле часа в три утра не так жарко, как думают некоторые...

Если бы на нашем пути не возникало препятствий, жизнь стала бы похожа на равномерно текущий монотонный поток без каких-либо подводных камней и поворотов — то есть такой же увлекательной, как сплошная бетонная полоса. Если бы не существовало проблем, не было бы ни личного роста, ни коллективных достижений, ни человеческого прогресса. Но при этом важно, что именно человек делает с возникающими проблемами и препятствиями. Иа-Иа даже не пытаются преодолеть их.

— И я сказал себе — ведь остальные, пожалуй, огорчатся, если я замерзну. Правда, у них ни у кого нет ума, в голове у них только опилки, да и те, очевидно, попали туда по ошибке, и они не умеют думать, но если снег будет идти еще недель... шесть или в этом духе, даже кто-нибудь из них может сказать себе: «Пожалуй, Иа, не так уж жарко сейчас, часа в три утра». А потом он захочет это проверить. А еще потом ему станет очень грустно.

Словом, все Иа-Иа — нытики. Они верят только в негативное и не верят в позитивное. Они так озабочены встречающимися им недостатками, что не замечают ничего хорошего. Могут ли они, в таком случае, дать нам верное представление о жизни? Если бы нашей вселенной управляли Иа, она давным-давно уже развалилась бы. Все, существующее под Солнцем, начиная с мигрирующих колибри и кончая вращающимися по своим орбитам планетами, исходит из убеждения, что может делать то, что делает. Говоря словами Уильяма Блейка, «Когда бы Солнце и Луна в чем усомнились, / За горизонт они бы тут же закатились».

Поэтому никакое общество, если только оно не хочет прекратить свое существование, не станет выбирать в лидеры Иа-Иа. Ибо они с презрением относятся именно к тому, что необходимо для выживания и процветания. Как писал Лао-цзы,

Когда высший ум внимает Пути,
Он уверенно идет им;
Средний ум размышляет
И делает робкие попытки;
Низший ум высмеивает его.
Но если бы он не делал этого,
Путь не был бы Путем.

Но прошу прощения. Почтальон принес какое-то письмо.

— Пуху от его поклонников, наверно, — сказал Пятачок с завистью.

— Мне? Письмо? — спросил Пух, просыпаясь.

— Да нет, это... Хм... Я прочту вслух.

«Дорогой сэр,

Я обратил внимание на то, что в своем пустячке «Дао Винни-Пуха» вы не удостаиваете ни одним добрым словом самого симпатичного из всех персонажей сказки А. А. Милна. Я имею в виду, разумеется, обаятельнейшего Иа-Иа.

Не могу понять, как можно не заметить бесчисленных достоинств приветливого, галантного и вдохновенного Иа-Иа. Его остроумие и мудрость светят нам как маяк в темноте, окружающей нас в эти дни».

— Где окружающая темнота? — недоуменно спросил Пух, выглянув в окно.

— Это просто такой оборот речи.

— А, опять этот...

— Может, он был в темноте, когда писал это, — предположил Пятачок, разглядывая письмо.

— Если ты имеешь в виду — в переносном смысле, то я согласен с тобой. Письмо поистине дремучее... Но продолжим...

«Да, в наше грустное время всеобщей некомпетентности единственное, что обнадеживает и действует самым живительным образом, — это сознание, что существует такое ценное, восхитительное и смиренное животное, как Иа-Иа.

Ваш друг.

P. S. Не делайте этого больше».

Итак, мы познакомились с этим... автором письма. Думаю, мы еще получим от него весточку.

Давайте внимательно посмотрим на некоторых Иа вокруг нас. Начнем с тех, что знакомят нас с положением в мире через Средства Негативной Информации (СНИ). Еще Генри Дэвид Торо писал в «Уолдене»:

> В газетах я никогда не нахожу важных сообщений. Если мы однажды прочли о грабеже, убийстве или несчастном случае, о пожаре, кораблекрушении или взрыве пароходного котла, о корове, попавшей под поезд Западной дороги, о застреленной бешеной собаке или о появлении саранчи среди зимы, — к чему читать о других таких же событиях? Довольно и одного*.

Сегодня, благодаря СНИ, мы переполнены информацией о проблемах, с которыми ничего не можем поделать. При всей той шумихе, что поднята вокруг этих проблем, они имеют мало общего с нашей жизнью. А о тех, которые действительно волнуют нас, — например вопросе о том, как влияет на наше здоровье находящаяся поблизости атомная электростанция, — мы почти ничего не слышим. Странно. Средства Негативной Информации редко говорят о про-

_____

* Перевод с англ. З. Александровой.

блемах, с которыми мы могли бы попытаться что-то сделать, и никогда не говорят о том, что именно мы могли бы с ними сделать. Очевидно, они считают, что это покажется подсказкой, нарушающей правила игры.

Средства Негативной Информации высмеивают всех и вся и называют это Объективностью. Безусловно, среди журналистов встречаются смелые, честные репортеры и корреспонденты, но гораздо больше таких, которые ведут себя как любопытные соглядатаи, вооруженные блокнотами и подглядывающими через замочную скважину фотокамерами, — они заинтересованы скорее в том, чтобы опорочить честных людей, нежели в том, чтобы разоблачить мошенников. Если этим СНИ и случается создать некий положительный образ, то, похоже, только с целью рекламы автомобилей или зубной пасты.

Они стремятся убедить нас, что нет героев без недостатков. Подобно Тигре, герои могут лишь карабкаться вверх, но не могут спускаться вниз — им мешает хвост. Если разобраться, говорят они, то вот эта известная личность —

самый обыкновенный человек. (А что, собственно, в этом плохого?) А вот этот — жулик. Только почему-то эти сплетники не обращают внимания на самые крупные жульничества, совершаемые в высших эшелонах власти и приносящие нам наибольший ущерб. Те люди, которые подавались как образец для подражания в прошлом месяце, в этом уже впадают в немилость и исчезают из поля зрения. Новые фигуры выпрыгивают на страницы журналов и на телеэкран как черт из табакерки. Спустя некоторое время они тоже канут в лету, — процесс бесконечен и механика этого процесса напоминает другие строчки Уильяма Блейка: «Уж лучше куча беспардонной лжи, / Чем правда, изреченная во зло».

В жизни люди становятся героями потому, что они, вопреки своим слабостям — а иногда и благодаря им — совершают героические поступки. Если бы они были идеальны, то не толкались бы тут среди нас. Согласитесь, весьма поучительно представить перед широкой публикой все их достоинства и недостатки. Но Средства Негативной Информации этого не делают, они стара-

ются откопать побольше компромата и препод-
нести его как сенсацию — это дает больше денег.
Кому захочется совершать нечто выходящее за
рамки посредственного, если СНИ этого только
и ждут, чтобы тут же облить человека грязью перед миллионами зрителей?

Не менее важно и то, что постоянное уни-
чижение личности оказывает на публику самое пагубное воздействие. Тут опять же по-
лезно обратиться к Генри Дэвиду Торо:

Если бы мне суждено было стать водной магистралью, то я
предпочел бы быть горным потоком или поэтическим ручейком,
но только не сточной канавой. Можно внимать вдохновенным
голосам, доносящимся с небес, а можно слушать гнусные и на-
бившие оскомину сплетни, пересказываемые за стойкой бара,
или факты, раскрывающиеся в полицейском суде. Наше ухо спо-
собно воспринимать и то, и другое... Нужно относиться к своему уму (то есть к самому себе) как к невинному и бесхитростно-
му ребенку, чьим наставником мы являемся, и тщательно отби-
рать те факты и тех людей, с которыми мы его знакомим.
Не читайте «Таймс». Читайте Вечное.

А вот и он.

— Вы слышали новость? — мрачно спросил Иа, входя в комнату.

— Что там опять? — откликнулся я.

— Катастрофа. Устрашающая, неописуемая катастрофа.

— Мне казалось, что это было вчера. Или за день до этого.

— Об этом написано во всех газетах, — сказал Иа-Иа, стараясь не обращать на меня внимания.

— Ну, и в котором часу взорвется наша Земля? — спросил я, взглянув на будильник.

— Очень остроумно, — отозвался Иа. — Прямо плакать хочется.

— А когда, — продолжал я, — погаснет Солнце?

— Ха-ха! Шутка вполне в твоем духе. Солнце погаснет. Только потом не вините меня, если этого не произойдет.

— Хорошо, не будем. Но вот если произойдет, тогда тебе не отвертеться.

Заговорив о газетах, слухах и тому подобном, мы не можем обойти вниманием классическую разновидность Иа, вечно брюзжащую и портящую людям удовольствие, — Критиков. Они всем хорошо известны, будь то профессиональный Губитель репутаций или соседка-сплетница. Если вы поете, то они, разумеется, могут петь лучше (даже если они вообще не умеют петь). То же самое с балетом, танцами или постановкой пьесы в театре. За что бы вы ни взялись, они умеют делать это лучше вас, хотя на самом деле делают это гораздо хуже. А поскольку сами они неспособны сделать что-либо как следует, то, естественно, не могут правильно оценить то, что делаете вы. Несть числа тем случаям, когда критики гнобят гениальное и превозносят кошмарное. И тем не менее они пользуются большим авторитетом. Из-за этого мы безвозвратно теряем многое, что могло бы принести неоценимую пользу человечеству.

Прекрасной иллюстрацией ограниченности критиков служит история Чжуан-цзы о перепелке-всезнайке:

Существует очень большая птица, которую зовут Пэн. Спина ее кажется широкой, как горный хребет, крылья ее подобны тучам, закрывающим небо. Она взмывает вверх, как смерч, и, пронзив туманы и облака, воспаряет к небесам.

Она без усилий скользит над землей, направляясь в сторону моря, а перепелка смотрит на нее из своего болота и смеется. «Что о себе воображает эта птица? – говорит она. – Я подпрыгиваю и пролетаю несколько футов, после чего снижаюсь и перебираюсь лишь с одного куста на другой. И этого достаточно! На кого хочет произвести впечатление это нелепое создание?»

...Ограниченный ум не может постичь великого, точно так же, как опыт нескольких лет не может сравниться с опытом десятилетий. Гриб, вылезающий утром из земли, не знает, что произойдет в конце месяца; живущая совсем недолго цикада не может предвидеть того, что случится в последующие годы.

Но самую лучшую притчу о критиках мы слышали несколько лет назад от кого-то, кто слышал ее где-то от кого-то еще:

Как-то Индус, Раввин и Критик путешествовали, каждый сам по себе, в одной и той же местности и были застигнуты страшной грозой. Они поспешили укрыться на ближайшей ферме.

– Эта гроза будет свирепствовать несколько часов, – сказал им фермер. – Вам лучше остаться здесь на ночь. Единственная загвоздка – в доме хватит места только двоим. Третьему придется спать в хлеву.

— Я не против, — сказал Индус. — Меня не пугают неудобства. — И он пошел в хлев.

Через несколько минут раздался стук в дверь. Это был Индус.

— Прошу прощения, — сказал он, — но в хлеву корова, а моя религия запрещает мне вторгаться в ее жилище, потому что это священное животное.

— Не беспокойся, — сказал Раввин. — Устраивайся здесь, а я пойду в хлев. — И он ушел.

Через несколько минут раздался стук в дверь. Это был Раввин.

— Мне очень неприятно вас беспокоить, — сказал он, — но в хлеву свинья, а, согласно моей религии, свинья — нечистое животное, и я не могу спать в одном помещении с ней.

— Хорошо, — сказал Критик. — Я пойду ночевать в хлев.

Через несколько минут раздался стук в дверь. Это были корова и свинья.

Критики умеют внушать окружающим трепет. Люди боятся сделать или сказать что-нибудь из страха обидеть эту разновидность Иа-Иа. Если вы сделаете или скажете не то, что надо (или как раз то, что надо!), вас могут подвергнуть остракизму. Правда, подвергнуться остракизму со стороны Иа-Иа не так уж и плохо. Вы будете избавлены...

— Подвергнуться острой клизме? — спросил Пух. — Как это?

— Не острой клизме, а остракизму.

— Я знаю, это такие большие клизмы, их ставят большим птицам, — вмешался Пятачок.

— Не говорил я ни о каких клизмах! Остракизм — это...

— Пятачок прав, — сказала Сова. — Это страусы, они действительно очень большие.

— Послушайте, вы, честная компания!

— Страусиный самец может достигать восьми футов в высоту и весить до трех сотен фунтов. Легко представить, что они очень опасны, если их разозлить, и потому...

Прошу прощения, я перейду в соседнюю комнату.

Крошка Ру попал на Пиргорой впервые в жизни, и он, понятно, был ужасно взволнован. Как только все сели за стол, он заговорил и никак не мог угомониться.

– Привет, Пух! – пискнул он первым делом.

– Привет, Ру! – ответил Пух.

Крошка Ру попрыгал на своем стульчике и снова начал:

– Привет, Пятачок! – пискнул он еще громче.

Пятачок в ответ только помахал ему лапкой, так как рот у него был слишком занят.

— Привет, Иа-Иа! — сказал Крошка Ру.

Иа-Иа печально посмотрел на него.

— Скоро пойдет дождь, вот увидишь, — сказал он.

Другая разновидность Иа-Иа, подвизающаяся на ниве народного образования, видит свою задачу в том, чтобы *огорошить как можно большее число детей как можно меньшего возраста всевозможными гадостями из жизни взрослых.* Может, в прошлом судьба сыграла с этими Иа-Иа злую шутку, и теперь они хотят отыграться на тех, кто меньше их. Возможно, они искренне верят, что их педагогические методы самые лучшие (вопреки тому, что лишь немногие из их выпускников умеют правильно писать или расставлять знаки препинания в предложении). Этого мы не знаем. Но мы знаем, что их подход к обучению буквально во всем противоречит естественным законам.

Природой предопределено, что человек — в интеллектуальном, эмоциональном и физическом смысле — должен прожить долгий период детства, затем более короткий период отрочества, после чего стать взрослым — цельной, ответственной и самодостаточной личностью. А сейчас мы видим, что детство все укорачивается, отрочество наступает преждевременно и длится слишком долго — у некоторых, похоже, до самой старости.

Вместо того чтобы помочь детям развить в установленном природой порядке те способности, которые необходимы для преодоления возможных трудностей, применяемая Иа-Иа система обучения (при поддержке родителей и индустрии развлечений) нацелена на то, чтобы как можно быстрее впихнуть в детские головы массу лишней информации, которая не касается детей никаким боком (но зачастую создает массу проблем). В результате у детей наступает ступор.

Получая с каждым годом все более низкие результаты тестирования, представители этой системы образования решили обучать детей с помощью весьма дорогостоящих машин — что само по себе вызывает тревогу. Компьютер должен научить вас письму и прочим премудростям. (Можно было бы, конечно, вместо компьютеров посадить людей, которые умеют писать и знают эти премудрости, и они научили бы детей — причем, в крайнем случае, даже бесплатно. Но это, очевидно, подозрительно просто. Попахивает мошенничеством.) И вот эта дорогостоящая Обучающая Техника разрушает на корню систему образования. Чтобы снизить затраты, преподаватели типа Иа-Иа сокращают «необязательные», по их мнению, предметы — искусство, творческое письмо, драму и т. п. — то есть те, которые учат детей наблюдать, размышлять и общаться, а также поддерживать в рабочем состоянии правое полушарие мозга и не терять присутствия духа.

В глазах Иа-Иа детство — это пустая трата времени, роскошь, которую общество не может себе позволить. Поэтому их образовательная система решает проблему исчезающего детства путем ускорения процесса взросления. Впихнуть в учеников как можно больше информации, сделать это как можно быстрее и как можно раньше закончить процесс обучения. Детей надо загонять в школы как можно раньше, до предела нагружать домашними заданиями, занять все их время, пресечь всякую самостоятельность, игры и творческие потуги, а затем ткнуть их носом в машины. Это подстегнет формирование их интеллекта — ну, во всяком случае, уж как-то да подстегнет их. Чжуан-цзы описывал аналогичную ситуацию более двух тысяч лет назад:

В древности император Шунь поощрял дух соперничества в умах людей. Дети рождались через положенное количество месяцев после зачатия, но уже в возрасте пяти месяцев их начинали учить общению и разговору. Вскоре они могли обращаться к людям по имени, с упоминанием всех титулов. А затем люди стали умирать еще молодыми...

Это был порядок только по видимости, а на деле это был хаос. Он противоречил свету солнца и луны, наносил вред горам и рекам, отравлял деревья и плоды. Он был смертельнее, чем жало скорпиона или зубы опасного хищника.

Чем большее участие принимают Иа-Иа в образовании, тем больше проблем возникает у детей. А чем больше у них проблем, тем настойчивей Иа-Иа требуют, чтобы Система

Образования принималась за обработку детских умов во все более раннем возрасте. В ответ на проблемы, порожденные ими же, Иа-Иа все туже завинчивают гайки, в ответ на что дети «ломаются».

Пятачок встал в этот день очень-очень рано и решил нарвать себе букетик фиалок, и, когда он нарвал букет и поставил его в вазу посреди своего дома, ему внезапно пришло в голову, что никто ни разу в жизни не нарвал букета фиалок для Иа. И чем больше он думал об этом, тем более он чувствовал, как грустно быть ослом, которому никто никогда в жизни даже не нарвал букета фиалок. И он снова помчался на лужайку, повторяя про себя: «Иа, фиалки», а потом: «Фиалки, Иа-Иа», чтобы не забыть.

Пятачок нарвал большой букет и побежал рысцой к тому месту, где обычно пасся Иа, по дороге нюхая фиалки и чувствуя себя необыкновенно счастливым.

– Здравствуй, Иа, – начал Пятачок немного нерешительно, потому что Иа был чем-то занят.

Иа поднял ногу и помахал Пятачку, чтобы он уходил.

– Завтра, – сказал Иа, – или послезавтра.

Подобно вышеупомянутым педагогам с железными кулаками, остальные разновидности Иа тоже действуют вопреки естественным законам природы, а потом сетуют на результаты. Они, можно сказать, воплощают собой нечто прямо противоположное тому, чему учит даосизм: мужская энергия земли должна быть уравновешена с женской, и когда она накапливается в избытке, следует развивать женскую.

Правда, существует довольно агрессивная порода женщин, — назовем их Иа-Амазонками. Они происходят от угрюмых пуритан, которые не видели в женственности ничего хорошего, равно как и в искусстве, музыке, танцах, пении, мире природы, — да практически во всем, что доставляет человеку удовольствие. Иа-Амазонки называют себя феминистками. Мы тоже переняли у них этот термин, хотя он им не очень подходит. Ведь им не нравится женственность, они хотят быть мужеподобными. Что поистине странно.

Подобно тому, как ум некоторых любителей бега трусцой настолько зациклен на машинах, что они бегают исключительно по автострадам, отравляя с каждым вдохом свой организм выхлопными газами, Иа-Амазонки настолько зациклены на всем мужском, что и ведут себя по-мужски агрессивно, они проникнуты духом соперничества, стремлением к успеху и власти.

И вот, после того как многие из нас, мужчин, отказались от мужского шовинизма, губительного для семьи, общества и мира вообще, откуда ни возьмись появляются эти Иа-Амазонки, изрыгающие проклятия и бесчинствующие как пираты в плохом голливудском фильме. Вряд ли это можно назвать развитием женской энергии. Но, подражая мужчинам и преумножая мужскую энергию худшего сорта, они обличают практически все исконно мужские черты, видя в них угрозу своему существованию, причем видят там, где их и в помине нет. Да, это становится все более и более странным.

Эти Амазонки, в частности, хотят изъять из языка категорию рода у существительных, прилагательных и местоимений, потому что, по их мнению, эти формы унижают женщин. В результате они заменяют их формами, которые унизительны для всех.

Так, например, слово «лидер» мужского рода, поэтому они предлагали ввести форму «лидерша», которая означает по сути то же самое, но звучит, мягко говоря, странно. Осознав это, некоторые из них попытались заменить обе формы такими словами, как «вождила» или того хуже. В общем, понятно, к чему это ведет.

Вместо нормального языка предлагается некий умиротворяюще-компромиссный суррогат:

«Если отдельная особь какого-либо пола не шагает в ногу с его (ее) спутниками (-цами), может быть, это оттого, что ему (ей) слышится ритм, отбиваемый на барабане невидимым ударником (или, может, ударницей?). Так не лучше ли, чтобы каждый (каждая) прислушивался (-лась) к собственному ритму?»

Попытка заменить родовые окончания множественным числом выглядит не менее неуклюже:

«Если отдельная особь ... не шагает в ногу с *их* попутчиками, может быть, это оттого, что они прислушиваются к разным ударникам...»

Классическим примером того, что могут подобные Иа-миротворцы сотворить с языком, является один из «усовершенствованных» законодательных актов штата Орегон, в котором выкинуты все местоимения мужского рода:

«Когда фермер покупает или берет в аренду ферму, в случае транспортировки сельскохозяйственных товаров, продуктов или скота ...которые были выращены на фермерской ферме, или при транспортировке, являющейся нерегулярной для фермерской фермы, или при транспортировке товаров, оборудования или материалов, которые будут использоваться или потребляться на фермерской ферме...»

Спрашивается, что мы получим, когда все книги и прочие печатные издания будут пере-

писаны с целью умиротворения Иа-Амазонок?
И вообще непонятно, почему слова имеют для
них столь большое значение. Выходя замуж,
они не берут фамилию мужа — это было бы
уступкой «мужскому шовинизму». Они сохра-
няют девичью фамилию. Но ведь именно эту
фамилию носят их отцы. (Может быть, их отцы — столь ярые борцы за права женщин, что
все остальное уже неважно?)

Обличения всего мужского оборачиваются
поклонением ему, ибо Иа-Амазонки перенима-
ют худшее, что есть в мужчинах, и способству-
ют накоплению именно той энергии, которую
критикуют. Они выступают против мужских
клубов, — проявление половой дискримина-
ции! — и учреждают женские, куда не допуска-
ют мужчин. Они обвиняют мужчин в женофо-
бии — и ударяются в «мужефобию». Они заявляют, что им нужны чуткие, нежные мужчины,
а, заполучив такого, тут же начинают его шпы-
нять. Одним словом, их идеальная Новая Женщина хочет быть похожей на Мужчину Старой
Закалки. Если не хуже.

Миру, немало настрадавшемуся от тяжелой руки Чрезмерно Крутого Мужчины, Иа-Амазонки предлагают то же блюдо, но в несколько измененном виде. И кому это надо? Бороться с мужской агрессивностью с помощью агрессивности женской — это все равно, что тушить пожар бензином. Нельзя вбить в человека нежные чувства — их можно только выбить.

К чему мы придем, если пойдем за Иа-Амазонками? Как нынче обстоят дела с уважением к женщине? Женщинами помыкают больше, чем когда бы то ни было. Никогда прежде они не представали в столь унизительно-уничижительном виде, таком, как в современных кинофильмах, телепередачах, журналах и книгах. Согласно статистике, женщинам платят за работу меньше, чем двадцать лет назад. Деятельность Иа-Амазонок, похоже, не столько освобождает женский пол, сколько обесценивает его.

По правде говоря, уважение к женщине идет на дно, как «Титаник», и тянет за собой все устои семьи и общества. Иа-Амазонки обвиняют в этом мужчин. Хотя было бы гораздо умнее обвинять избыток мужской энергии, который они же и увеличивают.

При гибели трансатлантического «Титаника» женщин и детей сажали в спасательные шлюпки в первую очередь. Теперь их очередь — последняя. Как объяснил нам некий молодой начальник после крайне грубого разноса, учиненного его секретарше, «мы больше не обязаны любезничать с ними».

В соответствии с общим духом Иа, Амазонки хотят, чтобы мужчины прекратили вести себя с ними по-рыцарски (как будто вокруг полно мужчин, ведущих себя по-рыцарски!). Рыцарство принижает женщин, заявляют они. Но так ли это? И разве рыцарство сводится к отношениям между мужчинами и женщинами? Как в Европе, так и в Азии рыцарский кодекс чести всегда предполагал доброту, внимательность и уважение к другим, требовал от привилегированных, чтобы они помогали тем, кто лишен привилегий. Если вытравить рыцарский дух, то что останется? Грызня и хруст костей, жизнь по принципу «Сильный всегда прав» или «Убей или убьют тебя». Вместе с даосскими писателями прошлого, донкихотами и загнанными в леса отверженными мы можем сказать: Если вы уничтожите рыцарство, уничтожите женственность, — берегитесь.

В заключение хотелось бы привести цитату из опубликованной в Нью-Йорке книги Надежды Мандельштам «Надежда вопреки всему. Воспоминания», где она описывает «эффект Иа-Иа», который наблюдала в России под властью Сталина. К сожалению, принцип его действия не является характерным для отдельной страны и отдельной эпохи, его можно наблюдать повсеместно и во все времена:

Некогда было много добрых людей, и даже те, которые не были добрыми по натуре, притворялись таковыми, потому что так полагалось. Это притворство порождало ложь и лицемерие, столько раз обличавшиеся в реалистической литературе конца XIX столетия. Неожиданным результатом этой критики явилось исчезновение добрых людей. Ведь доброта – не врожденное свойство, ее надо воспитывать, и прививается она лишь тогда, когда на нее есть спрос. Для нашего поколения доброта была чем-то старомодным, отжившим, ее носители вымерли, наподобие мамонтов. То, что мы видели вокруг –

...классовая борьба, постоянные разоблачения «врагов» и злых умыслов за каждым поступком — все это учило нас чему угодно, но только не доброте.

Как преодолеть комплекс Иа-Иа в самом себе и предотвратить тем самым его распространение по всему миру? Мы обязательно поговорим об этом, но сначала...

Тигриная привычка

По-видимому, имеет смысл начать эту главу с китайской сказки о Хвастливом Тигре:

Большой тигр гордо шагал по лесу. Маленькая птичка над его головой прыгала с ветки на ветку, что-то напевая. Тигр остановился и, понаблюдав за птичкой, обратился к ней:

— Чему ты радуешься, ничтожное существо, прыгая там и чирикая? Я в тысячу раз больше тебя и могу раздавить тебя одной лапой, не моргнув глазом.

— Ты уверен? — спросила птичка, продолжая скакать по ветвям.

— Разумеется! — прорычал тигр. — Все, что ты умеешь делать, я могу сделать лучше тебя! — Он кинулся на дерево, взобрался по стволу и прыгнул на ветку. С громким треском ветка обломилась под его тяжестью. За ней так же обломились и все остальные ветки, находившиеся ниже. Весь в царапинах и ушибах, тигр медленно поднялся на ноги и побрел прочь.

Хромая, он добрался до края леса. На поле он увидел маленького пушистого зверька с подслеповатыми глазками и смешными лапками. По крайней мере, такими они показались тигру, который громко расхохотался и даже забыл о своей боли.

— Над чем ты смеешься? — спросил крот, поглядев на него.

— Какие забавные маленькие ножки! — веселился тигр. — И подслеповатые глазки!

— Я вижу все, что мне нужно видеть, — ответил крот, — и могу добраться туда, куда мне нужно.

— Ха-ха-ха! — хохотал тигр. — Я могу сделать и то, и другое гораздо лучше тебя.

— Хорошо, — сказал крот. — Посмотрим, как ты проберешься мимо вон тех людей, работающих в поле. — Он юркнул в нору и вскоре вынырнул на поверхность в дальнем конце поля.

— Смотри! — крикнул тигр и бросился через поле.

Люди громко завопили, стали размахивать тяжелыми орудиями и кидать в тигра большие камни. Избитый, перепуганный тигр убрался восвояси, чуть не простившись с жизнью.

Спустя некоторое время он пришел на болото. Там он заметил крошечное медленно ползущее существо с каким-то завитком на спине.

— Какое бессмысленное существо! — воскликнул тигр. — У тебя же совсем нет ног!

— А зачем мне ноги? — спросила улитка. — Я добираюсь до таких мест, куда никакие ноги не донесут.

— До каких это мест? — изумленно спросил тигр.

— Ну, например, до того края болота.

— Что за чушь! — вскричал тигр. — Я в один миг окажусь там, прыгая с бревна на бревно! — Не колеблясь ни секунды, он прыгнул на ближайшее бревно. Но бревно, увы, не выдержало его веса и утонуло.

Тем временем улитка медленно перебиралась с травинки на травинку через болото, оставив позади барахтавшегося тигра.

— Да, говорить о чем-то — одно, а сделать это — совсем другое! — был вынужден признать тигр.

В этой главе мы поговорим об антиподе Иа-Иа — животном, которое верит, что возможно все, а главное, что он может сделать все, что угодно. Для Тигры нет невозможного — по крайней мере, до первой попытки.

— Как ты туда попал, Ру? — спросил Пятачок.

— Меня Тигра привез! А Тигры вниз лазить не могут, потому что у них хвосты путаются между ног. Они только вверх умеют! А когда мы полезли, Тигра про это забыл, а сейчас он уже вспомнил, и мы тут теперь всегда-всегда будем жить. А может, еще выше залезем! Что ты сказал, Тигра? А-а! Тигра говорит, что, если мы заберемся выше, нам не так хорошо будет виден дом Пятачка, так что мы уж тут останемся.

Как известно всякому, кто наблюдал за Тиграми, никто не может превзойти их в энергии, с какой они берутся за любое дело, но она куда-то испаряется, когда дело надо заканчивать. Стоит Тигре приступить к работе, как оказывается, что где-то есть дело, гораздо более интересное и многообещающее, особенно если то, за которое он взялся, не ладится, и он попадает в безвыходное положение. Уж что-что, а попадать в безвыходное положение Тигры умеют.

Тигра изо всей силы держался за ветку и говорил про себя: «Конечно, ПРЫГАЮЩИМ животным, вроде Кенги, прыгать вниз хорошо, но для ПЛАВАЮЩИХ животных, вроде Тигров, это совершенно другое дело».

И он почему-то вдруг представил себе, как он плывет на спинке вниз по течению или весело ныряет в прохладной влаге реки, и почувствовал, что это и есть настоящая жизнь для Тигры.

– Давай, давай! – крикнул Кристофер Робин. – Не бойся.

– Сейчас, минуточку, – нервно сказал Тигра...

– Давай, давай, это очень просто! – пропищал Крошка Ру.

И вдруг Тигра почувствовал, КАК это просто.

– Ой, – крикнул он, видя, как дерево проносится мимо него.

Разумеется, нет ничего плохого в том, чтобы быть энтузиастом. Без энтузиастов не было бы Крупных Достижений, да и вообще жизнь была бы скучна. Но быть энтузиастом и быть Тигрой — не совсем одно и то же. Энтузиасты могут трезво оценить то, что вызывает их энтузиазм, и знают, как с этим обращаться. Тигры же являются Сверхэнтузиастами, при этом никто пока не видел, чтобы им удалось сделать хоть что-нибудь.

В книге «Дом на Пуховой Опушке» Пятачок говорит, что «Тигра был ужасно прыгучий, и у него была такая манера здороваться, что у вас потом всегда были полны уши песку, даже после того, как Кенга скажет: „Тигра, деточка, осторожно!" — и поможет вам встать». По словам Кролика, это «такой Тигра, который сам лучше вас все знает, и, если вы говорите ему, куда надо идти, он прибегает туда первым, а когда вы туда доберетесь, его и след простыл, и вам даже некому гордо сказать: „Ну вот, мы у цели!"». Александр Поуп* дал очень точный его портрет, когда писал, что «некоторые люди не могут ничему научиться,

---

* Александр Поп (или Поуп) (1688–1744) — английский поэт.

108

потому что слишком быстро все схватывают». Психолог назвал бы Тигру «импульсивной личностью», а мы добавим, что это животное с несгибаемыми прихотями и размякшей внутренней дисциплиной.

В то время как учения, распространенные на Западе, склонны поддерживать тигриное отношение к жизни, учения Востока видят его опасность. Так, например, в «Дао дэ цзин» говорится:

Ураганный ветер не дует все утро,
Сильный дождь не идет весь день.
Они — порождение неба и земли,
И если даже небо и земля
Не могут поддерживать кипучую деятельность
долго,
То как можешь ты?

* * *

Стоя на цыпочках, теряешь равновесие.
Делая крупные шаги, быстро устаешь.
Стараясь произвести впечатление, проявляешь
свою серость.
Выражая довольство собой, демонстрируешь
пустое тщеславие.
Хвастаясь, вызываешь презрение.

Преувеличивая свои заслуги, ускоряешь
свое падение.
Тот, кто следует Путем, относится ко всему
этому,
Как к избытку пищи, лишнему багажу.
Это не приносит счастья.
Поэтому, следуя Путем,
Избегай всего этого.

* * *

Не старайся завоевать мир силой,
Ибо сила лишь вызывает противодействие.
Там, где проходит армия, вырастают колючки.
За великой победой следуют годы бедствий.
Делай только то, что необходимо,
Не прибегая к насилию.

* * *

Неразумно кидаться туда и сюда.
Задыхаясь, перенапрягаешь свой организм.
Слишком большая трата энергии
Приводит к быстрому истощению.
Это не Естественный Путь.
Все, что не согласуется с Дао,
Не может длиться долго.

— Куда-то собрался, Тигра?
— Мы с Ру идем на пикник, — ответил он. —
Я готовлю бутерброды.

— Да? И с чем же, например, вот этот?

— С ореховой пастой, луком, горчицей и сыром.

— О!.. Да... Гм...

— Что-нибудь не так? — спросил Тигра. — Почему ты такой зеленый?

— Да нет, ничего... Все в порядке. Надеюсь, вы уйдете не очень далеко?

— А что?

— Ну, вдруг нам придется быстро тащить Ру обратно.

— Зачем?

— Да так, я просто шучу. Желаю вам хорошо провести время. Хотя бы поначалу.

Испортить дело можно разными способами. На Западе полным-полно Тигров — суперчемпионов, неустанных искателей немедленного успеха. Запад боготворит их, потому что они такие Прыгучие и Заводные. Возможно, даже чересчур заводные — как заведутся, так не остановишь. Похоже, в наше время надо быть не Истинной Личностью и даже не Героем, а неким взвинченным Суперменом, чья жизнь состоит сплошь из восклицательных знаков — вполне в духе Тигры: «Быстрее сверхскоростной ракеты!», «Мощнее самого мощного локомотива!», «Способный перепрыгнуть одним махом небоскреб!». Наш век — век Супервсего: Суперзвезд, Суператлетов, Суперполитиков, даже Супербизнесменов: «Быстрее штрафа за превышение скорости!», «Сильнее самого корыстного мотива!», «Способный перепродать в одночасье небоскреб!».

Тигры далеко не всегда такие, какими кажутся. У них, как правило, независимый и целеустремленный вид, но на самом деле они находятся в плену у окружающей действительности, которая заставляет их бросаться туда-сюда за очередными приманками. Может показаться, что энергия из них бьет ключом, но на самом деле склонность к непрерывному движению и погоня за сенсациями — это форма духовной лености. Как недвусмысленно демонстрирует их поведение, Тигры не управляют своей жизнью.

К сожалению, в обществе, которое превозносит, поощряет и награждает импульсивность, очень легко стать нетерпеливым, нерасчетливым, легкомысленным Тигрой. Реклама уговаривает нас купить то-то и то-то и испортить себе все, что можно. «Ведь вы этого достойны», — говорит она. (Возможно, так оно и есть, но нам все-таки хочется верить, что мы достойны чего-то лучшего.) Витрины магазинов рассчитаны на то, чтобы пробудить в нас желание купить товар. В телесериалах, ток-шоу и журналах перед нами крутится целый калейдоскоп образов, пробуждающих в нас импульсы самого сомнительного свойства. Практически все — от причесок до стиля жизни — преподносится как некий наркотик, который доставит нам немедленное облегчение и удовлетворит все наши желания. Если у вас будет автомобиль именно этой модели, одежда этого стиля, подружка этих параметров и романтическое приключение этого типа, счастье вам обеспечено. Вас будут любить. Вы станете Личностью. А те, кто не может приобрести всего вышеперечисленного, обречены на жалкое прозябание. На самом же деле те, кто может все это приобрести, обречены на неизбежное разочарование. Как говорил

Оскар Уайльд, «На свете есть только две трагедии. Первая — не получить того, чего хочешь. Вторая — получить это». А в древней Персии существовало проклятие: «Да сбудутся немедленно все твои желания!»

В двенадцатой главе «Дао дэц зин» Лао-цзы объяснил, к чему приводит тигриная любовь ко всему сенсационному:

Из-за пяти цветов слепнут глаза.
Из-за пяти тонов глохнут уши.
Из-за пяти вкусов теряет чувствительность язык.
Гонки и охота сводят человека с ума.

Америка, с одной стороны, становится Царством Иа-Иа, с другой — превращается в Тиграленд. Вот уж поистине шизофренический синдром! Головы американских детей настолько перенапряжены и искалечены мелькающими перед их глазами с тигриной непоседливостью телевизионными шоу, компьютерными играми и задачками, рассчитанными на немедленную реакцию левого полушария, что многие из них неспособны сосредоточиться на чем-либо дольше пяти минут. Все большее число учителей убеждается, что научить таких детей чему-нибудь невозможно. Если сознание ребенка не может схватить что-либо сразу же, то он уже никогда не поймет этого. Но даже если он и схватит что-либо, то все равно не поймет, потому что мгновенное схватывание информации и ее понимание — разные вещи.

Возможно, наши дети смогут найти работу, устроившись техниками и лаборантами к китайцам, японцам и корейцам, которые, похоже, к тому времени будут владеть почти всем на земле, потому что они, в отличие от нас, учат детей сосредоточенности.

В первую очередь Тиграм следовало бы усвоить, что если они не научатся управлять своими импульсами, то импульсы будут управлять ими. За сколько бы дел Тигры ни хватались, работа никогда не приносит им удовлетворения, потому что оно приходит лишь тогда, когда человек достигает намеченной цели упорным трудом. О достижении подобного удовлетворения говорится в одной из историй Чжуан-цзы:

Конфуций с учениками направлялся в царство Чу. Выйдя из леса, они увидели горбуна, сбивавшего пролетавших мимо цикад концом своей палки.

— Какая ловкость! — восхитился Учитель, остановившись. — Уважаемый, как вам это удается?

— Сначала, — объяснил горбун, — я учился удерживать на конце палки шарики. Попрактиковавшись месяцев пять или шесть, я научился удерживать сразу два, и они не падали. В то время я сбивал уже многих цикад, но иногда промахивался. Я стал тренироваться с тремя шариками, и после этого промахивался лишь в одном случае из десяти. А когда я научился удерживать одновременно пять шариков, я сбивал насекомых без промаха. Главное — сконцентрировать свое внимание, и тогда тело становится похожим на ствол дерева, а рука — на ветку. Небо и земля велики, и десятки тысяч событий происходят вокруг меня, но я не обращаю внимания ни на что, кроме крыльев насекомых. Мой мозг не отвлекается, тело находится в абсолютном подчинении мозгу. Поэтому я просто не могу промахнуться.

— Вот вам прекрасная иллюстрация старинного изречения «Когда воля человека сконцентрирована на одном деле, его силы возрастают», — сказал Конфуций ученикам.

Тиграм не мешало бы обзавестись еще одним качеством, на которое намекает японская притча о Самурае и Мастере *дзэн*:

Некий самурай прославился своим нетерпеливым и вспыльчивым характером. Священник секты *дзэн*, известный также как прекрасный кулинар, решил, что надо преподать воину урок, пока он не стал опасен для общества. Он пригласил самурая на обед.

Самурай прибыл в назначенный час. Мастер *дзэн* попросил его отдохнуть, расположившись с удобством, пока он кончит готовить обед. Прошло довольно много времени. Нетерпение самурая возрастало. Наконец, он крикнул:

— Хозяин, ты что, забыл про меня?

— Прошу простить меня, — сказал священник, выходя из кухни. — Подготовка обеда заняла больше времени, чем я рассчитывал. — И он вернулся на кухню.

Опять настало долгое ожидание. С каждой минутой самураю все больше хотелось есть. Он не выдержал и крикнул — на этот раз уже не так требовательно:

— Хозяин, прошу тебя, когда же ты подашь обед?

Мастер *дзэн* снова вышел из кухни.

— Прости, пожалуйста, — сказал он, — непредусмотренная задержка. — И он опять ушел на кухню.

Прошло еще немалое время. Терпение самурая лопнуло, и он поднялся на ноги, голодный и расстроенный. Но в этот момент в комнату вошел хозяин с блюдом в руках. Сначала он подал *мисо-суп*.

Самурай с благодарностью быстро расправился с супом, который очень ему понравился.

— О, хозяин! — воскликнул он. — Это лучший *мисо-суп*, какой мне приходилось пробовать! Ты недаром славишься как замечательный повар.

— Ну, что ты, — скромно ответил Мастер *дзэн*. — Это ведь всего лишь *мисо-суп*.

— Нет, суп просто волшебный! — настаивал самурай. — Ты, наверное, используешь какие-нибудь секретные приправы, придающие ему этот вкус?

— Да нет, я не использую ничего особенного, — отвечал священник.

— Пожалуйста, скажи мне. Я никогда не ел ничего вкуснее!

— Ну хорошо, есть одна вещь...

— Я так и знал! — вскричал самурай. — *Должно быть* что-то, чем объясняется этот замечательный вкус. Скажи же, что это?

— На его приготовление ушло время, — мягко ответил Мастер.

— Кенга, давно хотел тебя спросить, как вы живете с тех пор, как у вас поселился Тигра?

— Ну, как живем, как живем... Интересно живем, — ответила Кенга.

— То есть?

— Вот, к примеру, только вчера утром он накинулся на почтальона и повалил его.

— Какое безобразие! — воскликнула Сова, подлетевшая, чтобы послушать. — Отвратительно!

— Зачем же он это сделал? — спросил я.

— Он думал, что тот уносит что-то из дома.

— Ах, вот как!

— Безобразие!

— Понимаете, у почтальона был с собой большой мешок...

— А, понятно. Надеюсь, Тигра извинился перед ним.

— Да, после того, как я объяснила ему, в чем дело.

— Ну, слава богу.

— Почтальон отнесся к этому с удивительным пониманием.

— Да? И что же он сказал?

— Он сказал, что собаки набрасываются на него постоянно, но коты — еще ни разу.

И последнее, что мы хотели бы заметить по поводу Тигры и его привычек: все самое важное и ценное в жизни — в особенности мудрость и счастье — невозможно обрести наскоком. Они сами приходят к нам, если мы им не мешаем — не гоняемся за ними, высунув язык, а позволяем событиям происходить естественным порядком. Тигре пришлось убедиться в этом, когда во второй главе книги «Дом на Пуховой Опушке» он выяснил наконец, Что Тигры Любят Больше Всего.

В тот день он впервые появился в Лесу и еще не успел позавтракать. Пух предложил ему мед — естественно, поинтересовавшись, так ли уж сильно Тигры любят мед на самом деле. — «Они любят все», — радостно заверил его Тигра. Но прошло совсем немного времени, и Тигра понял, что

— Тигры не любят меда!

— Ай-ай-ай! — сказал Пух, стараясь показать, что его это ужасно огорчило. — А я-то думал, что они любят всё.

— Всё, кроме меда, — сказал Тигра.

Сказать по совести, Винни-Пуху это было довольно приятно, и он поспешно сообщил Тигре, что, как только он, Пух, справится со своим завтраком, они пойдут в гости к Пятачку, и, может быть, он угостит их желудями.

— Спасибо, Пух! — сказал Тигра, — потому что как раз желуди Тигры любят больше всего на свете!

И они пошли к Пятачку.

— Здравствуй, Пятачок. А это — Тигра.

— П-п-правда? — спросил Пятачок, отъезжая на стуле к противоположному краю стола. — А я думал, Тигры не такие большие.

— Ого-го! Это ты не видел больших! — сказал Тигра.

— Они любят желуди, — сказал Пух, — поэтому мы и пришли. Потому что бедный Тигра до сих пор еще совсем не завтракал.

Пятачок подвинул корзинку с желудями Тигре и сказал: «Угощайтесь, пожалуйста», а сам крепко прижался к Пуху и, почувствовав себя гораздо храбрее, сказал: «Так ты Тигра? Ну-ну!» — почти веселым голосом. Но Тигра ничего не ответил, потому что рот у него был набит желудями...

Он долго и громко жевал их, а потом сказал:

— Мимы ме мюмят момумей.

А когда Пятачок спросил: «Что, что?» — он сказал:

— Мимимите! — и выбежал на улицу.

Почти в ту же секунду он вернулся и уверенно объявил:

— Тигры не любят желудей.

— А ты говорил, что они любят всё, кроме меда, — сказал Пух.

— Всё, кроме меда и желудей, — объяснил Тигра.

Услышав это, Пух сказал: «А-а, понятно!» — а Пятачок, который был, пожалуй, немного рад, что Тигры не любят желудей, спросил:

— А как насчет чертополоха?

— Чертополох, — сказал Тигра, — Тигры действительно любят больше всего на свете!

Тогда они пошли к Иа-Иа.

— Здравствуй, Иа! — сказал Пух. — Вот это — Тигра.

— Кто? Вот это? — спросил Иа.

— Вот это, — в один голос объяснили Пух и Пятачок, а Тигра улыбнулся во весь рот и ничего не сказал.

Иа обошел вокруг Тигры два раза: сначала с одной стороны, потом с другой.

— Как, вы сказали, это называется? — спросил он, закончив осмотр.

— Тигра.

— Угу, — сказал Иа.

— Он только что пришел, — объяснил Пятачок.

— Угу, — повторил Иа.

Он долго размышлял, а потом сказал:

— А когда он уходит?

Оказалось, что почти сразу же.

— В чем дело? — спросил Пух.

— Жжется! — пробормотал Тигра...

— Но ведь ты сам говорил, — начал Пух, — ты сам говорил, что Тигры любят всё, кроме меда и желудей.

— И чертополоха! — крикнул Тигра, который в это время бегал с высунутым языком, описывая огромные круги.

Оставалось только идти к Кенге. Когда они изложили ей суть проблемы, она любезно предложила Тигре самому найти в ее буфете то, что ему нравится.

Но чем больше Тигра совал то свой нос, то лапу то в одну, то в другую банку, тем больше он находил вещей, которые Тигры не любят... И когда он перерыл весь буфет и нашел все, что там было, и оказалось, что он ничего этого есть не может, он спросил Кенгу:

— Что же теперь будет?

Но Кенга, и Кристофер Робин, и Пятачок — все стояли вокруг Крошки Ру, уговаривая его принять рыбий жир. И Ру говорил: «Может, не надо?» — а Кенга говорила: «Ну-ну, милый Ру, вспомни, что ты мне обещал».

— Что это там такое? — шепнул Тигра Пятачку.

— Это ему лекарство дают, — сказал Пятачок. — Витамины! Он их ненавидит!

Тигра подошел поближе и наклонился над спинкой кресла Ру. И вдруг он высунул язык, послышалось громкое «буль-буль», и, подскочив от удивления, Кенга вскрикнула: «Ох!» — и ухватила ложку как раз в ту секунду, когда она уже исчезала в пасти Тигры. Ложку она спасла, но рыбий жир исчез.

— Господи, Тигра, милый! — сказала Кенга.

– Он мое лекарство принял, он мое лекарство принял, он принял мое лекарство! – в восторге запищал Ру, решивший, что это отличная шутка.

Тут Тигра посмотрел на потолок, закрыл глаза, и язык его пошел ходить кругами вокруг мордочки, на тот случай, если что-нибудь осталось снаружи. Затем его озарила умиротворенная улыбка, и он сказал:

– Так вот что Тигры действительно любят!

Так что...

ТР-РАМ-ТАМ-ТАМ!!!

— Тигра, помоги человеку подняться. Ты сбил с ног телохранителя Пятачка. Точнее, бывшего телохранителя.

— Он уснул, — сказал Тигра.

— Гм... Я думаю, он потерял сознание. Удар был, конечно, неслабый, что и говорить.

— Я просто торопился, — объяснил Тигра, — а он попался мне на пути.

— Наверное, он вернулся за чем-то. Странно. Я думал, он уже взял все, что ему было нужно. Ну, на этот раз сам он вряд ли уйдет. Что ты говоришь, Тигра? Ты сожалеешь, что так сильно ударил его об пол? Ну, что ж, это похвально.

Прошу прощения, мне нужно позвонить в полицию.

Как все могло бы быть

Тем временем Пятачок тоже проснулся. Проснувшись, он сразу же сказал: «Ох». Потом, собравшись с духом, заявил: «Ну что же!.. Придется», – закончил он отважно. Но все поджилки его тряслись, потому что в ушах у него гремело страшное слово – СЛОНОПОТАМ!

Какой он, этот Слонопотам?

Неужели очень злой?

Идет ли он на свист? И если идет, то зачем?..

Любит ли он поросят или нет?

И как он их любит?..

Если он ест поросят, то, может быть, он все-таки не тронет поросенка, у которого есть дедушка по имени Посторонним В.?

В этой главе мы перейдем от иллюзий Иа-Иа и Тигры к иллюзиям Пятачка — а заодно поговорим об иллюзиях вообще. Даосы считают, что нет большего несчастья для человека, чем оказаться в плену иллюзий — и в частно-

127

сти, рассматривать себя как нечто отдельное от мира природы. Все проблемы — экономические, экологические и прочие — возникают тогда, когда человек не видит, что Происходит На Самом Деле. Иллюзии заставляют человека переживать множество неприятных ощущений: страх перед тем, что Может Произойти (но еще не произошло), сожаление о том, что Могло Произойти (но, скорее всего, так и не произошло) и так далее. Пятачки, постоянно ожидая, что Сейчас Что-то Произойдет, или что Что-то Произойдет Не Так, или что они Сделают Что-Нибудь Не Так, не могут полностью насладиться настоящим моментом. Впоследствии, оглядываясь назад, они видят, что в этот момент и не жили. И, поняв это, они чувствуют себя еще более никудышными, чем прежде. Однако благодаря своей чувствительности, своей памяти, накапливающей и прочно удерживающей весь прошлый опыт, своей осторожности и осмотрительности, Пятачки — гораздо чаще, чем Тигры, Иа-Иа, Кролики и Совы, — оказываются способны совершить Поступок, справиться с трудностями (после того, как они избавятся от мешающих им иллюзий).

Рассмотрим три отрывка, касающихся Восприятия Окружающего и показывающих, что Все Зависит От Того, Как На Дело Посмотреть. Первый из них взят из сочинения даосского писателя Ле-цзы:

Один человек обнаружил, что у него пропал топор. Затем он заметил проходившего мимо соседского сына. Мальчик выглядел очень подозрительно, крался по-воровски и вообще держался, как преступник. Вечером человек нашел свой топор там, где он оставил его накануне. Когда он на следующий день увидел соседского сына, тот выглядел нормально, шел и держался, как всякий честный человек.

Второй — это китайская притча «Колодец у дороги»:

Человек вырыл колодец возле самой дороги. И даже спустя четыре года путники с благодарностью говорили о Чудесном Колодце. Но как-то ночью прохожий упал в колодец и утонул. После этого люди обходили Убийственный Колодец стороной. Впоследствии выяснилось, что утонувший был вором и в пьяном виде свернул с дороги, прячась от полиции, —

только для того, чтобы упасть в колодец – Орудие Правосудия.

Колодец был тот же самый, менялся лишь взгляд на него.

Третий отрывок принадлежит Чжуан-цзы:

Участвуя в соревнованиях по стрельбе из лука, где призом служит глиняный кувшин, лучник сосредоточен, действует без усилий, проявляя все свое мастерство. Когда в качестве приза выставляется бронзовое украшение, руки стрелка начинают дрожать. А если предлагается настоящее золото, он щурится, как будто плохо видит. Его мастерство при этом никуда не исчезает, но пропадает вера в свои силы, так как ценность награды затуманивает его мозг.

К сожалению, даже умные люди порой ошибаются, если неправильно воспринимают то, с чем сталкиваются. В третьей главе «Винни-Пуха», к примеру, некий Мудрый, но Слишком Плотно Набитый Медведь...

— Кто слишком набитый? — спросил Пух.

— О'кей, Пух. Ты не Слишком Плотно Набит, ты просто Физически Избыточен.

— Ну, ты, по-моему, преувеличиваешь мои заслуги, — скромно потупился Пух.

Как бы то ни было, но Винни-Пух, которого все называют Пухом — для краткости...

— Никто не называет меня «Пухом для краткости», просто Пухом.

Ну хорошо. Винни-Пух, которого все называют просто Пухом, ходил как-то кругами по снегу возле дома, где жил Пятачок. Когда Пятачок спросил его, что он делает, Пух ответил, что выслеживает кого-то. Кого именно, он и сам не знал. Возможно — просто как предположение — страшного Буку. А может, и еще кого-нибудь похуже.

— Очень странная вещь, – сказал медвежонок. – Теперь тут, кажется, стало два зверя. Вот к этому – Неизвестно Кому – подошел другой – Неизвестно Кто, и они теперь гуляют вдвоем. Знаешь чего, Пятачок? Может быть, ты пойдешь со мной, а то вдруг это окажутся Злые Звери?

131

И Пятачок, которому следовало бы сначала как следует подумать, не сделал этого. Точнее, сделал — в смысле, пошел.

Следы шли вокруг маленькой ольховой рощицы... и, значит, два Буки, если это были они, тоже шли вокруг рощицы, и, понятно, Пух и Пятачок тоже шли вокруг рощицы.

По пути Пятачок рассказывал Винни-Пуху интересные истории из жизни своего дедушки Посторонним В. Например, как этот дедушка лечился от ревматизма после охоты, и как он на склоне лет начал страдать одышкой, и всякие другие занятные вещи.

А Пух все думал, как же этот дедушка выглядит.

И ему пришло в голову, что вдруг они сейчас охотятся как раз на двух дедушек, и, интересно, если они поймают этих дедушек, можно ли будет взять хоть одного домой и держать его у себя, и что, интересно, скажет по этому поводу Кристофер Робин.

А следы все шли и шли перед ними...

Вдруг Винни-Пух снова остановился как вкопанный.

— Смотри! — закричал он шепотом и показал на снег.

— Куда? — тоже шепотом закричал Пятачок и подскочил от страха. Но, чтобы показать, что он подскочил не от страха, а просто так, он тут же подпрыгнул еще разика два, как будто ему просто захотелось попрыгать.

— Следы, — сказал Пух. — Появился третий зверь!

Обстановка становилась Угрожающей. Хорошо, по крайней мере, что третий зверь был

133

не Букой — как отметил Пух, его следы отличались от следов двух его попутчиков. Они были меньше.

И они пошли дальше, начиная немного волноваться, потому что ведь эти три Неизвестных Зверя могли оказаться Очень Страшными Зверями. ...

И тут совершенно неожиданно Пух остановился в третий раз и облизал кончик своего носа, потому что ему вдруг стало страшно жарко. Перед ним были следы четырех зверей!

«Это уже невозможно вынести!» — подумал Пятачок. Слово напомнило ему другое, похожее, — унести...

— Знаешь что? — сказал Пятачок, в свою очередь облизав кончик носа и убедившись, что это очень мало помогает. — Знаешь что? По-моему, я что-то вспомнил. Да, да! Я вспомнил об одном деле, которое я забыл сделать вчера, а завтра уже не успею... В общем, мне нужно поскорее пойти домой и сделать это дело.

— Давай сделаем это после обеда, — сказал Пух, — я тебе помогу.

— Да, понимаешь, это не такое дело, которое можно сделать после обеда — поскорее сказал Пятачок. — Это такое специальное утреннее дело. Его обязательно надо сделать утром, лучше всего часов в... Который час, ты говорил?

— Часов двенадцать, — сказал Пух, посмотрев на солнце.

— Вот-вот, как ты сам сказал, часов в двенадцать. Точнее, от двенадцати до пяти минут первого! Так что ты уж на меня не обижайся, а я... Ой, мама! Кто там?

Это был Кристофер Робин, свистевший им с ближайшего дерева. Какое облегчение.

— Глупенький мой мишка, — сказал он, — чем это ты там занимаешься? Я смотрю, сначала ты один обошел два раза вокруг этой рощицы, потом Пятачок побежал за тобой, и вы стали ходить вдвоем... Сейчас, по-моему, вы собирались обойти ее в четвертый раз по своим собственным следам!..

Так вот, оказывается, что это было. Да, забавно получилось.

Если уж мы заговорили о снежных забавах, то можно вспомнить случай, когда Пух с Пятачком отправились зимой на прогулку и решили построить дом для Иа в укромном уголке сосновой рощи рядом с Унылым Местом, где жил Иа. Разумеется, им нужен был какой-нибудь строительный материал. Для этого идеально годились палочки.

— Ой, кстати, там за рощей я видел груду палочек, — сказал Пятачок. — Там их навалена целая куча! Ну прямо целая гора!

Так что они взяли всю эту кучу и сделали из палочек домик для Иа. А позже, когда Иа-Иа не смог найти свою кучу — в смысле, свой дом, — они с Кристофером Робином пошли его искать и встретили Пуха с Пятачком...

– Где, ты говоришь, он был? – спросил Пух.

– Как раз тут – сказал Иа.

– Он был сделан из палочек?

– Да.

– Ох, – сказал Пятачок.

– Что? – сказал Иа.

– Я просто сказал «ох», – нервно ответил Пятачок и, чтобы не подавать виду, что он смутился, раз-другой тирлимбом-бомкнул так беззаботно, как только мог.

— А ты уверен, что это был дом? — спросил Пух. — Я хочу сказать, ты уверен, что как раз тут был дом?

— Конечно, уверен, — сказал Иа. Он пробормотал про себя: «Ни тени ума нет у некоторых!»

— В чем дело, Пух? — спросил Кристофер Робин.

— Ну... — сказал Пух. — Дело в том... — сказал он. — Ну, дело в том... — сказал Пух. — Понимаешь... — сказал Пух, и тут что-то, видимо, подсказало ему, что он не очень хорошо объясняет дело, так что он снова толкнул Пятачка локтем.

— Как бы вам сказать... — поспешно сказал Пятачок. — Только теплее, — добавил он после долгого размышления.

— Что — теплее?

— На той стороне рощи, где стоит дом Иа.

Они отправились туда, и Иа нашел свой дом, и...

Все попрощались со счастливым хозяином дома, и Кристофер Робин пошел обедать со своими друзьями — Пухом и Пятачком.

По дороге друзья рассказали ему об Ужасной Ошибке, которую совершили, и, когда он кончил смеяться, все трое дружно запели Дорожную Шумелку для Снежной Погоды и пели ее всю дорогу...

Так что все это было очень забавно.

— Мы вернулись, — сказал Пух.

138

— Вижу, — откликнулся я. — Я так погрузился в свою книгу, что не заметил, как вы ушли. — Мы тут с Пятачком вспоминали разные Загадки, — сказал Пух. — Пятачок хочет загадать тебе одну.

— Замечательно. Давай, Пятачок.

— Значит, так, — сказал Пятачок. — Что это такое: все в перьях и лает?

— Все в перьях и лает?.. Гм... Не знаю.

— Собака с перьями!

— Гм...

— Что-нибудь не так? — спросил Пятачок.

— Да нет, все в порядке. Ну, а теперь ты отгадай. Какая разница между кенгуру и картотекой?

— Не знаю, — сказал Пятачок.

— Да ну? Ты не знаешь разницы между кенгуру и картотекой?

— Нет, — сказал Пятачок.

— Значит тогда мне придется не разрешать тебе больше рыться в моей картотеке.

Наступило молчание.

— Я не понимаю эту загадку, — сказал Пух.

Вдобавок к широко распространенному неумению правильно воспринимать окружающее, которое нам только что продемонстрировали Пятачок и Пух (порой даже слишком похожий на человека), многие люди имеют склонность замечать только что-нибудь необычное. Об этом — китайская сказка о Быке и Крысе:

Много лет назад Будда призвал к себе двенадцать животных и сказал, что назовет их именами годы китайского зодиака. Животные были очень довольны. Но когда встал вопрос об очередности, начались пререкания.

— Я должна быть первой, — заявила крыса, — потому что я самая умная.

— Нет, я должен быть первым, — возразил бык, — потому что я самый большой.

Они стали спорить о том, что важнее, — ум или величина. Наконец, крыса замолчала.

— Ну, хорошо, — сказала она. — Я признаю, что величина важнее.

— Ага! — обрадовался бык. — Значит, вопрос решен.

— Минуточку — остановила его крыса. — Если все зависит от величины, то победа за мной. Моя величина производит большее впечатление.

— Что?! — фыркнул бык. — Как может какой-то мелкий грызун произвести на кого-нибудь впечатление своей величиной?

— А давай проверим, — сказала крыса. — Пойдем к людям и послушаем, что они скажут.

— Но это просто смех! — вскричал бык. — Зачем впустую тратить время? И без того ясно, что...

— Тише, тише, — вмешался Будда. — Давайте не будем спорить. Разумеется, крыса меньше тебя. Но почему бы не предоставить решение людям? Кого они назовут большим, тот и будет первым.

Бык, уверенный в своей победе, согласился.

— Великий Будда, — обратилась к нему крыса. — Прежде, чем мы отправимся к людям, я прошу тебя об одном одолжении — если бык против него не возражает. Раз я такая маленькая, как он говорит, то мне хотелось бы, чтобы это хотя бы не так бросалось в глаза. Нельзя ли временно сделать меня вдвое больше?

Будда спросил быка, есть ли у него какие-либо возражения.

— Да пусть себе удваивается, — ответил бык. — Что это изменит? Все равно я буду в сто раз больше нее!

Бык и крыса, которая была теперь вдвое больше, стали расхаживать в толпе. Куда бы они ни пришли, люди изумленно восклицали: «Ты посмотри, какая крыса! Какая большая крыса!» Никто не обращал внимания на быка. Все видели его раньше, и в нем не было ничего необычного.

Так крыса благодаря своей величине стала первым знаком китайского зодиака.

— Кстати, Пятачок, я подумал об этой вывеске возле твоего дома...

— Ты имеешь в виду «Посторонним В.»?

— Да. Ты говоришь, так звали твоего дедушку?

— Да, Посторонним Вильям.

— Должно быть, он был очень большой свиньей, раз сумел подвесить эту доску так высоко.

— Да-а... Понимаешь...Он ведь не сам подвесил ее. Он попросил своего друга.

— Друга?

— Ну да. Совсем другое животное. Другого вида. Высокого.

— Жирафа, что ли?

— Вот-вот, именно жирафа.

— Забавная, должно быть, парочка — жираф и свинья. А я и не знал, что у нас тут водятся жирафы.

— Они и не водятся, — сказал Пятачок, — сами по себе. Этого жирафа прислали к нам по обмену.

— Вот как? А кого же мы послали вместо него?

— Кого? Ну, этих... мышей. Целый ящик.

— Довольно неравноценный обмен, надо сказать.

— Ну-у... Это ведь был большой ящик.

Мм-да... Но вернемся к вопросу об иллюзиях. Думаю, кое-что еще можно сказать по этому поводу.

Иллюзии, несомненно, существуют во всем мире, но Индустриальный Запад, похоже, отхватил тут львиную долю. А к иллюзиям Запада — которые теперь, естественно, экспортированы и на Восток — следует относится с особой осторожностью. И не забавно ли, что «построенное на научной основе», «трезвомыслящее» западное общество, которое высмеивает относительно безобидные мифы и поверия других народов, зачастую имеющие под собой хоть какие-то реальные основания, в то же время легко подхватывает самые нелепые суеверия и обычаи, прямо-таки губительные для нашей планеты. Самой же опасной, возможно, является слепая вера в безграничные возможности Науки и Техники.

Поклонение Технике началось в Западной Европе еще в XVI столетии, в эпоху Великих

Географических Открытий и Колониальных Захватов, давших толчок накоплению коммерческого капитала, который, в свою очередь, привел к Промышленной революции XVIII века. Стремительное размножение прожорливых Механизмов сопровождалось безудержной эксплуатацией природных ресурсов, необходимых для кормления новорожденных. В результате патриархальное сельское общество («Доброе утро, миссис Уизерспун! Какая симпатичная у вас коровка!») очень быстро преобразовалось сначала в фабрично-заводское («Надеюсь, сэр, — кха-кха — мы протянем на этом угле — ап-чхи, кха, уф-ф — до вечера») и затем в урбанизированное общество промышленных гигантов («Увы, инспектор, они унесли все, что не было прикреплено к полу!»). В викторианскую эпоху этот фанатический индустриализаторский пыл получил мощную поддержку со стороны творцов империи и общественного мнения, которые неколебимо верили, что наука может все, а всякое несовпадающее с этим мнение — ересь.

Но задолго до этого в Новый Свет перекочевал из Европы не менее вздорный лозунг: «Обираем землю дочиста и не потерпим никаких глупостей на этот счет». А вместе с ним было занесено абсолютно беспочвенное и абсурдное убеждение, будто на деньги можно купить все, включая счастье. Да и странно было бы, если бы это убеждение не прибыло к нам вместе с растратчиками, выпущенными из английских долговых тюрем, охотниками за пушниной, будущими табачными и хлопковыми королями и торговцами-пуританами. Все, что знала и умела эта толпа — да и то далеко не всегда, — это извлекать максимальную прибыль из мира природы. Пуритане же отличались полным неумением приспосабливаться к лесам, горам и просторам нового континента и ладить с людьми, населявшими их. Недаром в те времена про пуритан говорили: «Они не знают, куда бросаться: то ли на колени, то ли на индейцев». И в итоге они набрасывались на природу. Лютер Нападающий Медведь, вождь индейского племени оглала сиу, говорил на этот счет:

Мы не называем обширные равнины, прекрасные зеленые холмы или реки, извивающиеся среди зарослей, «дикими».

Это белому человеку здешняя природа представляется дикой, населенной свирепыми зверями и дикарями-людоедами. Для нас же она всегда была родным домом. Земля здесь испокон веков была изобильной, и мы жили под покровительством Великой Тайны. И лишь когда с востока пришли обросшие волосами белые люди, с яростью преследовавшие нас и наши семьи, и когда даже звери в лесу стали спасаться бегством при их приближении, тогда-то и для нас Запад стал «диким».

На этом довольно шатком основании и покоится наше сегодняшнее так называемое «материалистическое» общество. Название это, однако, неверно по существу. Правильнее было бы назвать его «Обществом абстрактных ценностей», где все оценивается не по тому, чем является на самом деле, а по тому, символом чего оно служит. Если бы западное индустриальное общество действительно ценило материальный мир, не было бы свалок на месте девственных лесов, нелепо сконструированных и кое-как изготовленных изделий, отравленных водных источников, до отвала накачавшихся бензином автомобилей и всех прочих прелестей, неотвязно преследующих нас, как маниакальная идея. Если бы наше общество было действительно материалистическим, мы относились бы к материальному миру с большим уважением и действовали бы в рамках возможного.

На деле же западное индустриальное общество даже не замечает материального мира и отмахивается от него, бросив на произвол судьбы. Материальный мир — это все, что имеется *здесь* и *сейчас*, но нас это не интересует, нам нужно то, что *там* и *потом*. В результате общество, как правило, не видит того, что находится у него под носом и дает начало всему последующему. Оно забыло, откуда оно вышло, и не знает, куда направляется.

— Отправляемся в Искпедицию? — с интересом спросил Пух. — Никогда ни одной не видел. А где она, эта Искпедиция?

— Экспедиция, глупенький мой мишка. Не «ск», а «кс».

— А-а! — сказал Пух. — Понятно.

По правде говоря, он ничего не понял.

— Мы должны отыскать и открыть Северный Полюс.

— А-а! — снова сказал Пух. — А что такое Северный Полюс? — спросил он.

— Ну, это такая штука, которую открывают, — небрежно сказал Кристофер Робин, который и сам не очень точно знал, что это за штука.

Возможно, этот краткий экскурс к историческим корням поможет отчасти понять, почему всякий раз, сталкиваясь с какой-нибудь проблемой, наше общество садится в лужу. Эта удручающая непредусмотрительность неизменно проявляется во время очередной избирательной кампании. Вот уже лет тридцать нация, претендовавшая некогда на роль Светоча Свободного Мира, избирает на высшие государственные посты каких-то кошмарных клоунов, которые заводят нас все дальше и дальше в болото, поощряя стяжательство и коррупцию, разваливая экономику, накапливая многомиллиардные долги, расплачиваться за которые придется будущим поколениям. Они не желают предпринимать шаги, необходимые для спасения остатков живой природы (этот вопрос требует, якобы, дополнительного исследования) и угрожают взорвать весь мир, если кто-то на другом конце света недостаточно быстро делает то, что он, по их мнению, должен делать. Все их высказывания при этом находятся на уровне соображения, что если ты видел одну пальму, то знаешь о пальмах все.

Кстати, о пальмах и прочих деревьях. Большинство избирателей пребывают, по-видимому, в каком-то призрачном мире фантазий — иначе как объяснить тот факт, что, болтая все больше и больше о необходимости защиты окружающей среды, они на деле постоянно голосуют против? На недавних выборах в нашем штате, некогда почти экологически идеально чистом, большинство высказалось за дальнейшее функционирование одной из самых ненадежных и бесполезных атомных станций, постоянно нарушающей элементарные правила безопасности; это большинство отвергло меры, ограничивающие использование неперерабатываемой упаковки, и вместо честного, самостоятельно оплачивающего свою избирательную кампанию и заботящегося об окружающей среде кандидата, повторно выбрало политика, который в течение нескольких лет всеми силами противился сохранению последних девственных лесов в штате, поддерживал лесозаготовителей, под чистую сносивших общественные леса и отправлявших древесину на переработку за границу, и ежегодно вносил в финансовый законопроект поправки, разрешающие продажу старых лесов. Вот такие порядки царят на планете Земля.

Наши избиратели, безусловно, стоят за охрану природы — если только ее сохранение не мешает им уничтожать ее с целью наживы. Об охране же ее должны заботиться какие-то специальные ведомства. Если учесть, однако, что на это тратится меньше одного процента всех добровольных пожертвований в стране, то станет понятно, что забота об окружающей среде — это еще одна фикция, не более того.

— Мы все отправляемся с Кристофером Робином в Иск... в Икс...

— В Икс? А где он, этот Икс?

— Ну, точно я не знаю, — сказал Пух, — но это где-то рядом с Северным Полюсом, кажется... Или Поясом?.. Ну, словом, мы должны это открыть.

Наши шансы выжить и добиться счастья невелики еще и потому, что мы на Западе унаследовали религию *a la* Иа-Иа, которая рассматривает нашу землю как обитель зла, недостойную внимания разумных людей, а также науку *a la* Иа-Иа, исповедующую сугубо механистический взгляд на природу, чьи секреты она пытается выведать один за другим с целью установления своего господства над нею. Может ли подобное наследство помочь нам выбраться из болота, в котором мы увязли, или хотя бы объяснить, как мы в него попали?

Религия *a la* Иа-Иа убеждает нас, что этот мир не стоит того, чтобы спасать его, а когда наступит Судный День, все истинно верующие без всяких хлопот автоматически переместятся на Небо. Хотелось бы посмотреть на них, однако, когда Святой Петр спросит их при входе, что они сделали с Землей, которую Бог им доверил. Боюсь, они окажутся в несколько щекотливом положении.

Наука *a la* Иа-Иа утверждает, что только Научно-Техническая Революция спасет нас от окончательного разрушения всего окружающего — в том числе и от разрушений, вызванных самой НТР. Слушая подобные утверждения, невольно задаешься вопросом: а не является ли эта наука на самом деле разновидностью религии? Или, точнее, даже не религии, а своего рода шаманства.

«Вунга-вунга, мумба-юнга! О, Великий Оловянный Боже, спаси нас от гексахлорбензола, бромистого этилена, токсафена, хлордана, паратиона и прочих твоих даров, кои мы употребили во вред самим себе!» Что ж, может быть, только на Бога и остается уповать.

Вунга-вунга всем вам!

— Эй, Пятачок! — взволнованно сказал Пух. — Мы все отправляемся в Искпедицию. Все, все! И берем про... Покушать. Мы должны что-то открыть.

— Что открыть? — испуганно спросил Пятачок.

— Ну, что-то там такое.

— Не очень злое?

— Кристофер Робин ничего не говорил насчет злости. Он сказал только, что в нем есть «кс».

— «Кысы» я не боюсь, — серьезно сказал Пятачок. — Я боюсь только волков...

Доставшиеся по наследству воображаемые страхи побуждают нас постоянно остерегаться мира природы и искать от него защиты. Отсюда и возникают лозунги типа «Только Тяжелая Промышленность Обеспечит Наше Будущее». В действительности, что уже давно пора бы понять, мир природы нуждается в защите от нас. Необходимо наконец разобраться в окружающем мире, признать мудрость мироустройства и относиться к нему с должным уважением, а не взирать на него испуганно сквозь искажающие линзы нашей больной фантазии. Как сказал Артур Конан Дойл устами своего героя Шерлока Холмса, «ваш кругозор должен охватывать всю природу, если вы беретесь ее толковать», а «пытаясь возвыситься над природой, вы рискуете пасть ниже ее». Аналогичные мысли высказывал в свое время еще Чжуан-цзы:

Когда лидеры стремятся к знаниям, но не следуют истинным Путем, люди, идущие за ними, теряются в хаосе, который возникает. Судите сами.

Большие познания требуются для изготовления луков, стрел, самострелов и рогаток, но от них гибнут птицы, летающие в поднебесье. Большие познания необходимы и для изготовления сетей, рыболовных крючков и прочих снастей, но от них гибнут рыбы, живущие в воде. Большие познания используются при устройстве капканов, силков и ловушек, но от них гибнут звери, обитающие в поле и в лесу.

По мере того как знания возрастают и превращаются в сложные многогранные построения, они начинают оказывать губительное воздействие и на людей. Люди пытаются ухватить то, чего не знают, не усвоив как следует уже известное им. Они обвиняют в невежестве других, закрывая глаза на собственное невежество. Ни к чему, кроме путаницы, это не приводит.

Если бы солнце и луна вдруг перестали светить, жизнь в реках и на горах замерла бы, не было бы смены времен года, а всем растениям и животным пришлось бы изменить свою природу. Между тем именно это происходит с людьми в результате их неуемной погони за знаниями. Честность и простота никого больше не привлекают, суетливость почитается высшим достоинством. Никто не хочет жить и работать естественно и спокойно, все поглощены взамными передрягами. Таковы плоды ненасытной жажды знаний. Под этот шум мир погружается в хаос.

И еще одна цитата из сочинений Чжуанцзы:

Люди чтут лишь то, что лежит в сфере их собственной компетенции, не осознавая, до какой степени они зависят от всего, что находится вне ее.

Прекрасной иллюстрацией этого тезиса может служить история борьбы человечества с радиоактивным заражением.

В 30-е годы, когда люди начали умирать от действия тонизирующих препаратов с добавками радия, американское правительство установило порог допустимого безопасного радиоактивного облучения. Просто так, на всякий случай.

В 40-е годы на основании обследования жертв атомной бомбардировки в Хиросиме этот порог был снижен вдвое — из предосторожности.

В 50-е годы выяснилось, что здоровье многих людей страдает в результате выпадения радиоактивных осадков после испытаний ядерного оружия, и максимальный допустимый уровень облучения был, ради пущей безопасности, еще уменьшен.

И в то же время реклама компаний коммунального обслуживания вовсю превозносила преимущества нового энергетического источника — «чистой и безопасной» ядерной энергии. Рекламные щиты приглашали «Посетить всей семьей парк атомной энергии»; в детских обувных магазинах для измерения размера ноги использовалась рентгеновская аппаратура; людей с якобы увеличенной (а на самом деле нормальной) вилочковой железой лечили путем облучения. Как и все, получившие определенную долю радиации, эти люди часто заболевали раком и умирали.

В 60-е годы многие стали подозревать, что им говорят не всю правду о негативном воздействии атомной энергии. И наконец...

В результате проведенного в 70-е годы исследования было установлено, что доза облучения, получаемая американцами в результате применения медицинской аппаратуры, в девять раз превышает дозу, получаемую ими в виде радиоактивных атмосферных осадков, а последние, как к тому времени показало наблюдение за некоторыми военнослужащими и жителями штата Невада, вызывает самые разные неприятные последствия. В довершение всего, в 1979 году произошла авария на атомной станции «Три Майл Айленд», и вся окружающая территория была заражена.

В 80-е годы были повторно обследованы люди, пострадавшие при бомбардировке Хиросимы, а также их дети и внуки, и оказалось, что опасность заболевания раком в результате облучения в пятнадцать раз превышает цифру, предполагавшуюся ранее. С радиоактивным излучением атомных станций стали связывать заболевания щитовидной железы, выкидыши и ряд других проблем. А к концу десятилетия авария, аналогичная той, что была с «Три Майл Айленд», произошла на Чернобыльской АЭС, где, согласно оценкам специалистов, этого никак не могло случиться в ближайшее тысячелетие. В прессу стали просачиваться сообщения о неблагополучном состоянии других атомных станций, и в результате «безопасный» уровень облучения был установлен еще ниже, чтобы теперь уже точно избежать малейшего риска.

Но беда в том, что при каждом очередном снижении уровня допустимого облучения и при каждом очередном выпуске нового радиоактивного прибора нас уверяли в надежности принимаемых мер, и каждый раз оказывалось, что уверения эти далеки от истины.

Сегодня все увлечены компьютерами, процессорами и прочими приспособлениями, чьи катодные трубки испускают рентгеновские лучи, а цепи и выходные устройства служат источником сильного электромагнитного поля. И опять эксперты утверждают, что это абсолютно безопасно. А если и произойдет что-то непредвиденное, то нас об этом известят — впоследствии.

Новейшее популярное радиоактивное устройство — микроволновая печь, бомбардирующая пищу электромагнитными волнами такой высокой частоты, что та от возбуждения нагревается. Это Удивительное Изобретение, извращающее естественные природные законы, абсолютно надежно, заверяют нас, — иначе его ни за что не выпустили бы на рынок. Ну что ж, может, на этот раз нам говорят правду. А может и нет.

Как только Кристофер Робин покончил со своим завтраком, он что-то шепнул Кролику, а Кролик сказал: «Да, да, конечно», и они отошли в сторонку.

— Мне не хотелось говорить при всех, — начал Кристофер Робин.

— Понятно, — сказал Кролик, надувшись от гордости.

— Дело в том... я хотел... да нет, наверно, и ты, Кролик, не знаешь... Интересно, какой из себя С е в е р н ы й П о л ю с?

— Ну, — сказал Кролик, встопорщив усы, — надо было раньше спросить.

— Я раньше-то знал, но как будто позабыл, — небрежно сказал Кристофер Робин.

— Странное совпадение, — сказал Кролик, — я тоже как будто позабыл, хотя раньше-то я, конечно, знал.

— По-моему, там проходит земная ось. Наверно, она воткнута в землю. Правда?

— Конечно, там есть ось, и, конечно, она воткнута в землю, потому что больше же ее некуда воткнуть, да к тому же она так и называется: «земляная».

— И я так думаю.

— Вопрос не в этом, — сказал Кролик. — Вопрос в том, где она, эта ось?

— Это мы скоро узнаем! — сказал Кристофер Робин.

— Пятачок, кто это там за окном?

— Это Слонопотам! — завопил Пятачок, высоко подпрыгнув.

— Да нет, — сказал я, выглянув, — это всего лишь мусорщик, занятый уборкой. Неужели ты всерьез подумал, что это Слонопотам?

— Н-нет... (уф, уф). Не совсем всерьез.

— Послушай, Пятачок, а если бы даже это был Слонопотам, — что такого он мог бы тебе сделать?

— Не знаю. Он, наверно, что-нибудь придумал бы.

— Ты ведь даже не знаешь, как он выглядит, правда?

— Ну, да... Правда.

— И не знаешь наверняка, существуют ли Слонопотамы на самом деле, так ведь?

— А ты знаешь?

— Я знаю, что по крайней мере в наших краях Слонопотамы под окнами не слоняются.

— Ты в этом уверен?

— Абсолютно. У нас тут не больше шансов встретить Слонопотама, чем увидеть жирафа, развешивающего вывески около домов.

— А-а... — сказал Пятачок. — Понятно.

Так о чем бишь мы? Ах, да. Об опасных иллюзиях. В своей книге «Магическое дитя», на удивление близкой по духу к даосизму, Джозеф Чилтон Пирс так описывает участь, которая ожидает наше общество:

«Как, по мнению большинства из нас, можно предвидеть и контролировать действие природных сил? Изощряя свой ум и используя специальные орудия. С раннего детства мы привыкли безоговорочно верить, что только таким образом нам удастся выжить в этом мире. Западное сознание — да и почти вся мировая мысль — всегда со слепым фанатизмом категорически отрицали взаимодействие между человеческим мозгом и источником, поставляющим ему информацию (то есть землей). Взаимодействие предполагает, что земля при этом как-то реагирует на мыслительную деятельность человека. А краеугольным камнем всего академического мировоззрения Запада является убеждение... что связь человеческого разума со вселенной проявляется исключительно в пассивном восприятии внешней информации через ощущения и в определенной переработке этой информации. Это убеждение лишает человека возможности полностью проявить свои врожденные способности, заставляет прибегать к орудиям как к единственному источнику силы. Мы разработали целый свод знаний об изобретении, производстве и использовании самых разных орудий и рассматриваем этот свод знаний как наше главное достояние, обеспечивающее наше выживание и победу в борьбе с природой. Прогресс мыслится как совершенствование и увеличение числа орудий. Вся система образования строится на обучении конструированию орудий, их изготовлению и обращению с ними.

Между тем никакие знания и никакое усовершенствование орудий никогда не обеспечивало, не обеспечивает и не может обеспечить человеку надежное существование и благополучие. Чем более обширны и впечатляющи наши знания о производстве орудий, тем больше беспокойства, страха, взаимного недоверия и вражды они порождают. Но наш разум не может постичь наличия прямой связи между созданием орудий и нашей внутренней неудовлетворенностью, потому что он сам является продуктом ограниченного круга накопленных знаний. Нам внушили, что все наши несовершенства и неудачи, наши страхи и страдания можно преодолеть только путем расширения круга знаний или увеличения и улучшения производства орудий. Отчуждая нас от самих себя, делая нас потерянными и несчастными, наши знания в то же самое время заставляют нас слепо верить в то, что только с их помощью мы можем решить все наши проблемы».

Иными словами, все трудности, недостатки и опасные заблуждения современного человека, его одиночество и духовная опустошенность порождены отрывом от мира природы, непониманием его. А ведь даосы предсказывали, что так и случится, и объясняли, каким образом этого можно избежать. Так давайте, наконец, прислушаемся к ним.

Как это происходит в действительности

Прошлой осенью, 10 сентября, я прогуливался по Виа Салариа и дошел до Республики Утопия — мирной страны, лежащей в восьмидесяти годах к востоку от Фара Сабина. Обратив внимание на жизнерадостное настроение, царящее среди жителей, я спросил о причине их радости и получил ответ, что она кроется в законах страны и в том воспитании, которое они получают с малых лет...

Маленьких детей учат наблюдательности с помощью игры. Учитель прячет в кулаке несколько мелких предметов — например три зернышка ячменя, монетку, яркую пуговицу. Раскрыв на миг ладонь, учитель вновь ее закрывает и просит ребенка назвать предметы, которые он успел разглядеть. Чем старше ребенок, тем сложнее становится игра, пока он не получает полное представление о том, откуда берутся его туфли и рубашки. Мне рассказали также, что граждане республики научились прежде всего четко определять все слова и понятия, и в результате так хорошо разобрались в экономических терминах, что исчезло всякое жульничество в финансовых делах и на фондовых биржах, — никто больше не позволяет себя одурачить.

165

Эти слова, под которыми мог бы подписаться любой даос, взяты из сочинения Эзры Паунда «Золото и труд». А принцип постижения окружающего мира, который они излагают, гораздо древнее. Но прежде чем обратиться к старинным даосским трактатам, хотелось бы процитировать моего любимого «даоса» нового времени — Генри Дэвида Торо:

Иллюзии и заблуждения почитаются за бесспорную истину, а истина объявляется вымыслом. Если бы люди твердо держались одной реальности и не поддавались обману, жизнь, по сравнению с нынешней, могла бы стать Сказкой Тысяча и одной ночи... Закрывая глаза, погружаясь в дремоту и поддаваясь обманам, люди повсюду создают себе повседневную привычную жизнь — рутину, основанную на чистых иллюзиях. Дети, играющие в жизнь, различают ее истинные законы и отношения яснее, чем взрослые, которые не умеют достойно прожить ее, но воображают себя умудренными своим опытом, то есть неудачами... Люди считают, что истина отдалена от них пространством и временем, что она где-то за дальними звездами, до Адама и после последнего человека на земле. Да, вечность заключает в себе высокую истину. Но время, место и случай, все это — сейчас и здесь. Само божество выражает себя в настоящем мгновении, и во всей бесконечности времен не может быть божественнее. Мы способны постичь божественное и высокое, только если постоянно проникаемся окружающей нас реальностью*.

Из «ста школ китайской философии» до настоящего времени сохранились лишь две: конфуцианство и даосизм. И удалось им это потому, что они приносили конкретную пользу. Китайцы — люди практичные, их мало заботят вещи занимательные, но бесполезные. На Востоке, и в Китае в особенности, философию ценили только в том случае, если она находила применение в повседневной жизни.

Западная же философия, на наш взгляд, почти никак не связана с повседневной жизнью людей, она непрактична и сосредоточена на самой себе. Прыгая, как птичка, туда и сюда по многовековому древу человеческого познания, она выхватывает тут и там обрывки мыслей, чтобы оспорить их и нагородить немыслимые абстрактные построения. Она служит приятным времяпровождением для Сов и Кроликов, ино-

---

* Пер. с англ. З. А. Александровой.

гда для Иа-Иа, но мало что дает Пятачку или Пуху. Западная философия стала уделом университетских профессоров, которые, облачившись в твидовый костюм и пуская дым из трубки, занимаются ею профессионально в свободное от остальных занятий время, и студентов-вундеркиндов, умеющих пространно рассуждать на различные темы, но не умеющих ни постирать носки, ни починить электроутюг.

Стоит ли удивляться, что западный обыватель взирает на все это косо и невольно вопрошает: «Кому нужна еще и восточная философия?» С его точки зрения, восточная философия имеет два существенных изъяна. Во-первых, она восточная — то есть представляющая собой нечто мистическое, экзотическое и неудобоваримое. Во-вторых, это опять же философия — то есть вещь маловразумительная и бесполезная.

Но эта ограниченная точка зрения не позволяет увидеть, что именно с Востока, и в первую очередь из Китая, пришло многое из того, на чем построена современная западная цивилизация. В значительной степени мы обязаны всем этим не кому иному, как даосам, из которых всегда выходили лучшие китайские ученые, естествоиспытатели, изобретатели, врачеватели и художники.

На Западе со школьных лет знают, что изобретателем первого печатного станка был Иоганн Гутенберг, что Уильям Гарвей открыл кровообращение, а сэр Исаак Ньютон — Первый закон механики. Между тем все это было открыто и изобретено еще в Древнем Китае, задолго до того, как упомянутые ученые появились на свет. Помимо всего прочего, китайцы дали миру механические часы, бумагу (в том числе туалетную и гигиеническую, а также обои, деньги и игральные карты), офсетную печать, фарфор, лак, фосфоресцирующие краски, волшебный фонарь (прообраз современного кинопроектора), прялку, тачку, зонтик, плуг, упряжь, веялку, сеялку (вместе с методом рядового посева культур), рыболовный спиннинг, компас (вместе с представлением о различии между географическим и магнитным полюсами), сейсмограф, рельефную географическую карту и координатную сетку, десятичную систему исчисления, калькулятор, герметическую барокамеру, цепной и ременный приводы, цепной насос, принцип действия парового двигателя, циферблатные измерительные приборы, чугун и способ выплавки стали из чугуна, висячий мост, сегментный арочный мост (с остроконечным сводом), канал со шлюзами, мачты, паруса, гребной руль, герметичные отсеки на судах, колесный пароход, буер, бумажного змея со всеми его модификациями (такими, как спортивные и музыкальные змеи, осветительные ракеты, военные самолеты и вымпелы для сбрасывания донесений), планер (который, как и спортивный змей, был впервые сконструирован и испробован даосами в горах Китая с целью изучения природных законов), аэростат, вертолетный винт, парашют (изобретенный на полторы тысячи лет раньше Леонардо да Винчи), подбор музыкальных колоколов, церковные колокола, равномерную температуру в музыке (введенную на Западе спустя 138 лет Иоганном Себастьяном Бахом), идею бурения скважин для добычи природного газа, бутановый баллон (первоначально представлявший собой наполненную газом бамбуковую трубку для приготовления пищи в походных условиях), солнечные очки, непромокаемую одежду, альпинистское снаряжение, порох (открытый, по иронии судьбы, даосом при попытке разработать эликсир долголетия). Группа придворных дам-китаянок изобрела спички, завезенные в Европу спустя тысячелетие. Китайцы на две тысячи лет раньше европейцев исследовали строение снежинок, пятен на Солнце и потоки воздуха, вызываемые солнечной активностью. Они же первыми изучили диабет и авитаминоз, основали такие отрасли науки, как эндокринология, иммунология и гормонотерапия щитовидной железы (не говоря уже об анатомии, где они, помимо всего прочего, теоретическим путем рассчитали существование барабанной перепонки еще до того, как ее наличие было установлено). Кроме того, они разработали методы биологической защиты от вредителей сельскохозяйственных культур, а также... — впрочем, этого, пожалуй, достаточно. И так все ясно. Китайцы умели наблюдать природу.

Чего Запад, к сожалению, не заимствовал у Востока — так это издавна бытующее в Китае убеждение, что наука должна идти рука об руку с духовным и нравственным развитием человека, что в отрыве от этических и духовных ценностей наука становится одной из форм помешательства. Но, конечно, нельзя же требовать все сразу. Хорошего понемножку.

Вернемся, однако, к Пуху и его друзьям. Перечисленные выше научные достижения напоминают нам об одном открытии, сделанном Пухом в полном соответствии с даосским учением, — а именно, игре в «пушишки», распространившейся по всему свету после опубликования книжки о Винни-Пухе (но не исключено, что и до этого). Как вы, наверное, помните, Пух занялся однажды изучением еловых шишек и даже сочинил об одной из них песенку.

Тем временем Винни как раз подошел к мосту. И так как он не смотрел себе под ноги, он споткнулся, шишка выскользнула из его лап и упала в воду.

— Обидно, — сказал Пух, глядя, как шишка медленно проплывает в сторону моста. Он хотел сходить за новой шишкой, которую тоже можно было срифмовать, но потом подумал, что лучше он просто поглядит на Реку, потому что денек такой славный; Винни-Пух лег на пузо и стал смотреть на Реку, а она медленно, плавно скользила вдаль...

И вдруг из-под моста появилась его шишка, тоже плавно скользившая вдаль.

— Как интересно! — сказал Пух. — Я уронил ее с той стороны, а она выплыла с этой! Интересно, все шишки так делают?

Он пошел и набрал еще шишек.

Да. Они все так делали. Он бросил две шишки сразу и стал ждать, какая из них выплывет первой, но, так как они были одинакового размера, Пух не знал, была ли это та, которую он задумал, или другая. Тогда в следующий раз он бросил одну большую, а другую маленькую, и большая выплыла первой, как он и думал, а маленькая выплыла последней, как он тоже думал, так что он выиграл два раза!..

И к тому времени, когда Винни пошел домой пить чай, он уже выиграл тридцать шесть раз и проиграл двадцать восемь. Иными словами, он выиграл... Ну, отнимите сами двадцать восемь от тридцати шести, и вы узнаете, сколько раз он выиграл. Или — сколько раз он проиграл, если это вам интереснее.

Так появилась на свет игра, которую потом назвали игрой в «Пушишки», в честь Винни-Пуха, который ее изобрел и научил играть в нее своих друзей. Только потом они стали играть палочками, потому что палочки легче различить...

В этом инциденте Пух со свойственным ему простодушием, сам не ведая о том, соблюдает все основные принципы научного исследования, проповедуемые даосами: столкнувшись со случайным, спонтанно возникшим фактом и имея пытливый и наблюдательный ум, он выявляет и использует на практике действующие в данном случае законы, приспосабливает подручные материалы и находит новое применение известным вещам. Совсем неплохо для новичка. Но стоит ли удивляться? Пух есть Пух.

Как уже говорилось, значение наблюдательности далеко не исчерпывается возможностью делать научные открытия. Она и жить человеку позволяет мудро и благополучно. И тут, как представляется, Западу в особенности есть чему поучиться у Востока.

Взять хотя бы типичную для нашей школы арифметическую задачку:

В загоне пасется 3OO коров. После того как ворота загона открываются, каждую минуту загон покидают 2 коровы. Сколько коров останется в загоне через 1,5 часа?

Как предполагается, подобные задачки, приближенные к повседневной жизни, должны помочь нам в дальнейшем и, в идеале, научить отличать истинное от ложного. Но всякий, кому хоть раз в жизни довелось пасти коров, знает, что коровы не ходят через ворота с частотой две штуки в минуту. Они либо прут всем скопом, либо вообще не желают покидать загон. Или уходят, когда какой вздумается. Очень может быть, что уже через десять минут в загоне не останется ни одной коровы. Но если вы дадите учителю такой ответ, он поставит вам двойку. В этом принципиальное различие между школой и жизнью. (А если вы еще учитесь и сомневаетесь в существовании данного различия, то подождите, пока закончите школу.)

Если бы потребовалось выделить основополагающие принципы даосизма, касающиеся повседневной жизни, то следовало бы назвать в первую очередь наблюдательность, умение осмыслить подмеченное и применить это на практике. Посмотрите на окружающий мир так, словно видите его впервые, отбросив сложившиеся у вас или в обществе стереотипы. Мысленно выделите в нем элементарные составляющие — «научитесь видеть простоту в сложности», как говорил Лао-цзы. Старайтесь осмыслить то, что видите, не только путем логических умозаключений, но и с помощью интуиции — в этом коренное отличие истинно Мыслящего Человека от технократа, использующего только левое полушарие. Выявляйте связи между различными элементами, их отношения и систему. Изучайте естественные законы, действующие в этой системе, и в дальнейшем опирайтесь на них, стараясь как можно больше узнать, прилагая как можно меньше усилий, — чтобы достичь искомого результата, но не более того.

Когда наблюдение, осмысление увиденного и использование накопленных знаний войдут у вас в привычку, перед вами (или внутри вас, что то же самое) откроются пути к более глубокому постижению мира, и вы даже, возможно, ощутите себя в каком-то Ином Измерении — в «Сказке Тысяча и одной ночи», по выражению Торо. На самом деле вы, конечно, никуда не денетесь, просто вы будете видеть вещи такими, каковы они в действительности, вместо того чтобы прислушиваться к мнению других. А разница может оказаться весьма существенной.

В некотором смысле ощущение, что вы находитесь в ином измерении, соответствует действительному положению вещей, ибо, следуя *истинным путем*, вы от обязательного выбора «или — или» переходите в мир, где возможны обе альтернативы. Как писал Лао-цзы в первом чжане «Дао дэ цзин», многие люди не видят *истинного пути* именно потому, что они не в состоянии отказаться от неизбежности выбора:

> Тот, кто привык не иметь желаний,
> Понимает [Путь] как «созерцание тонкости».
> Тот, кто привык следовать своим желаниям,
> Понимает его как «действие».
> Пытаясь определить одно и то же,
> Они называют это разными именами.

В совокупности же это составляет
«непостижимое»,
Тем менее постижимое, чем больше пытаются
его постичь;
Это врата к Тайне*.

Другими словами, *дао* — это одновременно и «созерцание тонкости», и «действие». Человек, признающий лишь дух *дао* и игнорирующий внешнюю форму его проявления, как и тот, кто воспринимает только форму, не замечая скрытой за нею сути, постигает, в лучшем случае, лишь половину истины. Ни однобокие материалисты, отрицающие роль духовного начала в жизни, ни поборники духа, забывающие об окружающем мире, не могут постичь *истинного пути* и следовать им. Но вы — можете.

————

———————————

* Поскольку Б. Хофф, по его словам, приводил цитаты из «Дао дэ цзин» и других даосских источников в собственном вольном переводе (см. «Дао Винни-Пуха», гл. «Как пишется слово „среда"»), здесь они даны в переводе с английского с частичным использованием перевода, сделанного составителями «Антологии даосской философии» (М., 1994).

— Уф, — сказал Пятачок, следивший за пером из-за моего плеча, — у меня что-то голова кружится.

— Да, пожалуй, меня немножечко занесло, — согласился я.

— А нельзя объяснить это как-нибудь попроще?

— Я думаю, можно. Давай попробуем...

Даосизм не проповедует отказа от материального мира, как это пытаются представить некоторые ученые и отдельные даосы. Даже Лао-цзы, наиболее далекий от мирской суеты среди китайских мудрецов, советовал «чтить все, существующее под солнцем, как собственное тело». Для истинного даоса отказ от материального мира — полная бессмыслица, нечто противное естественному ходу вещей. Наоборот, даосизм учит внимательно присматриваться к естественным законам, которым подчиняется все вокруг, и следовать им в своей жизни. Тогда вы поймете цену скромности, умеренности, терпимости и сочувствия и будете поступать по внутреннему убеждению, а не подчиняясь общепризнанным нормам и правилам; будете иметь полное представление о мире, а не просто набор разрозненных фактов о нем, постигнете счастье гармонии с *истинным путем*, которое не имеет ничего общего с самодовольством религиозных или «идейных» фанатиков. Вы будете жить легко, естественно, без напряжения.

— Ну, и как теперь, Пятачок?

— Ммм... А ты не мог бы пояснить это с помощью каких-нибудь историй?

— Ну что ж, пожалуй, мог бы.

— Историй? — спросил Пух, открывая глаза.

— Да, мне очень хотелось бы послушать какую-нибудь историю, — сказал Пятачок.

— И мне тоже, — сказал Пух. — А серьезные рассуждения — ну их.

— Серьезные рассуждения... что? А-а, понятно. Что ж, так и быть. «Ну их.» Итак, мы говорили о наблюдательности и естественности.

Хотите, я расскажу историю о Старом Учителе и лошади?

— Мы не знаем, хотим мы или нет, — ответил Пух. — Мы будем знать это, когда ты расскажешь.

— Гм... Это верно. Так слушайте...

У дверей магазина на узкой улочке китайской деревни была привязана лошадь. Она лягала всякого, кто пытался пройти мимо нее. Вскоре около магазина собралась целая толпа местных жителей, споривших о том, как безопаснее пробраться мимо зловредной лошади. Наконец, кто-то крикнул, что идет Старый Учитель. — Уж он-то знает, как поступить, — решили крестьяне и стали наблюдать.

Учитель вышел из-за угла и, увидев лошадь, повернул назад и обошел магазин по другой улице.

— Старый Учитель, — пояснил я, — действовал по принципу «у вэй», согласно которому нужно всегда идти путем наименьшего сопротивления. Даосы говорят, что этот принцип можно усвоить, наблюдая за текущей водой.

— Водой? — переспросил Пятачок.

— Когда поток воды встречает на своем пути какой-нибудь камень, он не пытается его опрокинуть или сдвинуть с места. Он вообще не задумывается о возникшем препятствии, а просто огибает его, напевая при этом песенку. Вода воспринимает вещи такими, какие они есть, и идет по пути наименьшего сопротивления.

— Я, по-моему, что-то пропустил, — сказал Пух.

— Где пропустил?

— В истории с лошадью.

— Ах, с лошадью. Дело в том, что не было необходимости идти именно по этой улице. Можно было пройти по другой, и Старый Учитель это понимал.

— А почему другие не понимали?

— В том-то и вопрос. Почему?

— Я ни за что не пошел бы по этой улице, — пропищал Пятачок. — Даже если бы там была не лошадь, а коза. Или собака. Или кто-нибудь еще.

— Но почему все-таки другие...

— Дорогой мой Пух, — вмешалась Сова, приземляясь на письменном столе, — в задачках подобного типа необходимо принимать во внимание физические характеристики вещей, имевшие место в данном случае.

— Я же не знал, что они там тоже имели место, — объяснил Пух, потирая ухо.

— Под этим подразумевается, — продолжала Сова с некоторым раздражением, — что рассматриваемая нами улица была узкой по ширине, лошадь занимала на ней большое пространство и, сверх того, проявляла симптомы агрессивного поведения...

— Что она... проверяла... сверху? — спросил Пух.

— Она лягалась! Старый Учитель понимал, что было бы нерационально руководствоваться...

— Все понятно, Сова, — сказал я. — Дело в том, что...

Впрочем, бог с ними, с историями. Всегда они приводят к одному и тому же. Перейдем лучше к следующему принципу.

При внимательном наблюдении за миром природы становится ясно, что все в ней устроено целесообразно и рассчитано на успешный результат — включая и то, что, с точки зрения некоторых людей, является «плохим». Но если вы хотите понять принципы устройства всего сущего, нужно воспринимать его не «плохим» или «хорошим», а таким, какое оно есть. Это не значит, что нужно отбросить мораль, здравый смысл и тому подобное, это значит просто… — впрочем, давайте лучше разберемся, что именно это значит, на парочке примеров.

Много веков тому назад китайская императрица Си Лин-Чи услышала однажды жалобы придворных, что какие-то червяки или гусеницы поедают листья шелковицы в императорском саду. Императрица решила проверить, в чем дело. Она долго наблюдала за тем, как личинки плетут свои коконы из прочных блестящих нитей, и ей пришла в голову мысль, что эти нити можно извлечь из кокона и спрясть из них ткань для одежды. Результатом ее наблюдений и экспериментов явилось самое ценное из существующих в мире натуральных волокон и волшебный материал из него, называемый шелком.

Лет сорок назад швейцарский инженер Жорж де Местраль, вернувшись как-то с прогулки, заметил приставшие к его одежде семена репейника. Миллионы людей до него не раз проклинали эти колючки и выбрасывали их, и лишь один де Местраль задался вопросом, почему они пристают к одежде. Присмотревшись к репейнику, он обнаружил на нем множество мельчайших крючков, с помощью которых колючка цеплялась за петли в ткани материала. Это навело де Местраля на мысль изготовить застежку, действующую по принципу петли и крючка. «Липучка» и в самом деле оказалась гораздо удобнее остальных застежек, стала широко применяться во всем мире и легла в основу многих устройств.

Вопреки распространенному суждению, что Нужда — мать всех изобретений, нам представляется более справедливым признать родительские права Наблюдательности и Воображения. Большинство полезных изобретений, научных открытий и прочих достижений было совершено людьми по-детски любопытными, наблюдательными и творческими, чье воображение не было сковано общепринятыми мнениями относительно того, что такое «хорошо» и что такое «плохо», что «возможно», а что нет. Принцип действия телескопа, к примеру, был открыт группой голландских детей, игравших с бракованными стеклышками, выброшенными изготовителем очков. Держа одно стеклышко перед другим, дети обнаружили, что удаленные предметы кажутся при этом ближе. Никому из взрослых, естественно, и в голову не приходило заниматься подобной ерундой, и детскому открытию не придавали особого значения до тех пор, пока известие о нем не достигло ушей Галилео Галилея.

Когда кругозор человека не заслонен штампами типа «хорошо» или «плохо», гораздо легче увидеть вещи в их истинном свете и извлечь из этого максимальную пользу. Если, например, у вас в дверях застрял слегка объевшийся медведь, вы можете приспособить его ноги в качестве вешалки для полотенец, а сами тем временем пользоваться черным ходом.

— Что это за шум в соседней комнате? — спросил я.

— Это Сова готовится к выступлению по радио, — объяснил Пятачок. — Она хочет по-

ступить туда диктором и репетирует свою речь перед Кроликом.

— Вот как? Это интересно. Пошли, послушаем, о чем она там радиовещает.

— Леди и джентльмены, — декламировала Сова, — разрешите предложить вашему вниманию поистине разысканное лакомство...

— Изысканное, а не разысканное, — поправил Кролик.

— Привет тебе, о Сова! — сказал я. — Чем это ты пытаешься соблазнить радиослушателей?

— Маринованными кроватками фирмы «Проктор энд Хаггис».

— Что ж, фирма солидная... Постой, постой! Ты сказала «кроватками» или «креветками»?

— Кроватками.

— М-да... В таком случае, ты употребила правильное слово: это лакомство поистине нелегко разыскать... Но послушай, неужели ты всерьез хочешь заняться рекламным бизнесом? Расхваливать всякую ерунду, которая никому не нужна, вселять в людей несбыточные надежды и так далее?

— Видишь ли, я полагала, что с моим голосом...

— О да, конечно. Было бы обидно, если бы столь мелодичный голос пропал даром. Но ты могла бы найти ему более достойное применение. Прости, если я вмешиваюсь не в свое дело, но мне хотелось бы показать тебе, чего стоит вся эта реклама. У меня есть запись одного интервью, которое я, в бытность мою репортером, взял у некого Расмуссена Слика, председателя Американского совета по рекламе табачных изделий. Вот, послушай:

«Мистер Слик, как всем хорошо известно, в роликах, рекламирующих табачные изделия, ныне не увидишь ни курящих людей, ни самих сигарет или сигаретного дыма, ни пепла в пепельницах, — словом, ничего такого, что в представлении любого человека связано с курением. Понятно, что ни к чему показывать больных раком, операции на легких и прочие неприятности. Но все же вам не кажется, что прозрачные горные потоки, снежные вершины и пышущие здоровьем горнолыжники не имеют прямого отношения к вашему бизнесу и некоторым образом вводят людей в заблуждение?

— Прежде всего, молодой человек, мне хотелось бы заметить, что в течение вот уже многих лет людей вводят в заблуждение высказывания отдельных лиц о том, что табак, якобы, является причиной различных заболеваний. Мне хотелось бы подчеркнуть, что эти заявления ни на чем не основаны. Мы же стремимся всего-навсего восстановить справедливость, опровергнуть эти необоснованные инсинуации и представить нашу продукцию в истинном свете. Я сам курю очень давно и горжусь тем, что эта привычка никогда (КХЕ, КХЕ) не причиняла мне никаких неудобств, а приносила лишь удовольствие, успокоение (КХЕ, КХ-ГРМ) и позволяла расслабиться (АП-ЧХИ!). Нет ничего — я повторяю (КХ-ГРМ), *ничего* более далекого от правды (КХ-ГРМ, КХА), нежели это нелепое утверждение (КХЕ, ГРМ), повторяемое (ГРМ-КХА, КХА, КХА!)... Послушайте, нельзя ли отключить на время эту штуку?»

— Ну, и как тебе это, Сова?

— М-да... — отозвалась Сова задумчиво. — Пожалуй, я лучше подам заявление на кафедру в университет.

Ну, что ж. Может быть, это и лучше. А может быть, и нет. Вызывает некоторое сомнение, что Сова будет таким уж ценным приобретением для факультета. Ибо следует признать — тем более, что она так прочно и многозначительно угнездилась в этой главе, — Сова обладает одним существенным недостатком: ей надо поддерживать свой имидж Ученой Совы. А заботы о поддержании имиджа обычно мешают толком разглядеть то, что находится вокруг. А как можно что-либо понять, не разглядев его толком? И как научить других чему-либо, когда сам этого не понимаешь?

Помните, как Кролик нашел записку Кристофера Робина и потащил ее к всеведущей Сове, чтобы та растолковала ее смысл? В записке, как вы знаете, говорилось: «УШОЛ СКОРОБУДУ ПАДИЛАМ СКОРОБУДУ».

Сова взяла у Кролика записку Кристофера Робина и посмотрела на нее в некотором замешательстве. Она, конечно, умела подписываться – «Сава» и умела написать слово «Суббота» так, что вы понимали, что это не вторник, и она довольно неплохо умела читать, если только ей не заглядывали через плечо и не спрашивали ежеминутно: «Ну так что же?»

Да, она все это умела, но...

– Ну так что же? – спросил Кролик.

191

– Да, – сказала Сова очень умным голосом. – Я понимаю, что ты имеешь в виду. Несомненно.

– Ну так что же?

– Совершенно точно, – сказала Сова. – Вот именно. – И после некоторого размышления она добавила: – Если бы ты не зашел ко мне, я должна была бы сама зайти к тебе.

– Почему? – спросил Кролик.

– По этой самой причине, – сказала Сова, надеясь, что наконец она сумеет что-нибудь выяснить.

– Вчера утром, – торжественно произнес Кролик, – я навестил Кристофера Робина. Его не было. К его двери была приколота записка.

– Эта самая записка?

– Другая. Но смысл ее был тот же самый. Все это очень странно.

– Поразительно, – сказала Сова, снова уставившись на записку. На минуту ей, неизвестно почему, показалось, что что-то случилось с носом Кристофера Робина. – Что же ты сделал?

– Ничего.

– Это самое лучшее, – ответила мудрая Сова.

Но она с ужасом ожидала нового вопроса. И он не заставил себя долго ждать.

— Ну так что же? — повторил неумолимый Кролик.

— Конечно, это совершенно неоспоримо, — пробормотала Сова.

С минуту она беспомощно открывала и закрывала рот, не в силах ничего больше придумать. И вдруг ее осенило.

— Скажи мне, Кролик, — сказала она, — что говорилось в первой записке? Только точно. Это очень важно. От этого все зависит. Повтори слово в слово.

— Да то же самое, что и в этой, честное слово!

Сова посмотрела на Кролика, борясь с искушением спихнуть его с дерева, но, сообразив, что это всегда успеется, она еще раз попыталась выяснить, о чем же все-таки идет разговор.

— Прошу повторить точный текст, — сказала она, словно не обратив внимания на то, что сказал Кролик.

— Да там было написано: «У ш о л С к о р о б у д у». То же самое, что и здесь, только здесь еще добавлено: «П а д и л а м С к о р о б у д у».

Сова с облегчением вздохнула.

— Ну вот, — сказала Сова, — вот теперь наше положение стало яснее.

— Да, но каково положение Кристофера Робина? — сказал Кролик. — Где он сейчас? Вот в чем вопрос!

Сова снова поглядела на записку. Конечно, столь образованной особе ничего не стоило прочитать такую записку:

«Ушол Скоробуду. Падилам Скоробуду». А что тут еще могло быть написано?

— По-моему, дорогой мой Кролик, довольно ясно, что произошло, — сказала она. — Кристофер Робин куда-то ушел со Скоробудом. Он и этот... Скоробуд сейчас чем-то заняты... Ты за последнее время встречал у нас в лесу каких-нибудь Скоробудов?

Оказалось, что и Кролик не более Совы способен уразуметь смысл написанного, потому что ему тоже надо заботиться о своем имидже Командира Кролика, полностью контролирующего ситуацию, а это требует столько беготни и суетни, что просто не остается времени на то, чтобы в чем-нибудь разобраться.

— Здорово, Пух, — сказал Кролик.

— Здравствуй, Кролик, — сказал Пух сонно.

— Это ты сам додумался сочинить песенку?

— Да, вроде как сам, — отвечал Пух. — Не то чтобы я умел думать, — продолжал он скромно, — ты ведь сам знаешь, но иногда на меня это находит.

— Угу, — сказал Кролик, который никогда не позволял ничему находить на него, а всегда все находил и хватал сам. — Так вот, дело вот в чем: ты когда-нибудь видал Пятнистого или Травоядного Скоробуда у нас в лесу?

— Нет, — сказал Пух, — ни-ко... Нет. Вот Тигру я видел сейчас.

— Он нам ни к чему.

— Да, — сказал Пух, — я и сам так думал.

— А Пятачка ты видел?

— Да, — сказал Пух. — Я думаю, он сейчас тоже ни к чему, — продолжал он сонно.

— Ну, это зависит от того, видел он кого-нибудь или нет.

— Он меня видел, — сказал Пух.

Кролик присел было рядом с Пухом на землю, но, почувствовав, что это умаляет его достоинство, снова встал...

Умение видеть вещи такими, какие они есть, позволяет, помимо всего прочего, решать возникающие проблемы путем объективного наблюдения и осмысления увиденного. Ибо как можно решить проблему, не разобравшись толком, в чем она заключается? И лучше всего делать это тогда, когда проблема только зарождается. Непреодолимые преграды возникают, как правило, оттого, что в свое время не обратили внимания на мелкие помехи, из которых они выросли. «Беду легче предотвратить, пока она еще не случилась, — писал Лао-цзы. — О порядке надо заботиться до того, как наступит хаос». Иными словами, грамм своевременных предупредительных мер стоит фунта запоздалых пестицидов. В нашем неразумном и непредусмотрительном индустриальном обществе, однако, преобладает тенденция не обращать внимания на мелкие неполадки, пока они не примут угрожающие размеры, после чего наступает паника: «Немедленно послать войска! Остановить этого взбесившегося захватчика-тирана, если даже для этого понадобится уничтожить полмиллиона людей! Мы не потерпим этого!»... Но давайте разберемся. Кто продавал этому захватчику оружие? Мы продавали. Кто научил его войска обращаться с этим оружием? Мы научили. Кто обеспечил его всеми необходимыми материалами? Мы обеспечили. Кто годами поддерживал его авторитарное правление из тех соображений, что он борется с нашими «врагами»? Мы поддерживали. И, наконец, кто всегда смотрел сквозь пальцы на его диктаторские замашки, преследование инакомыслящих и неоднократные угрозы в адрес мирового сообщества? Опять же, мы. Так кого же теперь винить?

Распознать зарождающуюся проблему вовремя нелегко, но так же нелегко отличить ее от мнимой проблемы, которая таковой, по сути дела, не является. Люди, не умеющие трезво оценить ситуацию, часто начинают воевать с несуществующими проблемами и в ходе этой борьбы как раз и создают их. Или превращают маленькое затруднение в большую проблему. Раздувание всякой проблемы — как существующей в действительности, так и воображаемой — традиционная западная реакция на любое маломальское осложнение, воспринимаемое чисто эмоционально как угроза собственному существованию, с которой нужно бороться не на живот, а на смерть. На Востоке подобное мировосприятие считается незрелым и неразумным. По их мнению, прилагать слишком много усилий — значит тратить энергию впустую, или, как говорят китайцы, «пририсовывать змее ноги».

Таким образом, прежде чем браться за решение какой-то проблемы, нужно определить, проблема ли это. Так ли уж плохо в действительности то, что кажется плохим? Как показывают приведенные ниже отрывки из даосских сочинений, это вопрос немаловажный. Первый из этих отрывков представляет собой краткое переложение истории, рассказанной Лю Анем, известным также под именем Хуай Нань-цзы:

В одной заброшенной башне на склоне холма жил старик со своим сыном. Единственной ценностью, которой они владели, была лошадь. Однажды лошадь сбежала от них. Собрались соседи, чтобы выразить свои соболезнования. «Вот несчастье!» — говорили они. — «Не спешите с выводами», — ответил им старик.

На другой день лошадь вернулась и привела с собой несколько диких лошадей. Старик с сыном заперли их в конюшне. Услышав новость, сбежались соседи. «Вот повезло!» — говорили они. — «Не спешите с выводами», — ответил старик.

На следующий день сын старика, пытаясь объездить одну из лошадей, упал с нее и сломал ногу. «Вот несчастье!» — говорили собравшиеся соседи. — «Не спешите с выводами», — сказал старик.

Спустя еще день через их селение проходили войска и забрали с собой всех местных юношей, чтобы сражаться с дикими племенами на севере. Многие из них так и не вернулись обратно. А сын старика избежал этой участи, потому что у него была сломана нога.

Вторая история принадлежит Чжуан-цзы:

Однажды князь Хуан проезжал через болотистую равнину и увидел на дороге перед экипажем гоблина. Князь обратился к Гуан Чуну, который правил лошадьми:

— Ты видишь кого-нибудь на дороге перед нами?

— Никого не вижу, — ответил Гуан Чун.

Вернувшись домой, князь почувствовал себя плохо и даже не мог связно говорить. Несколько дней он не вставал с постели.

Его навестил чиновник по имени Хуан Гао-ао.

— Каким образом может какой-то гоблин нанести тебе вред? — спросил он. — Ты сам внушаешь себе болезнь. Если ты позволишь беспокойству и страхам ослабить свой организм, то можешь серьезно заболеть.

— Но скажи мне, существуют ли гоблины в действительности? — спросил князь.

— Да, это природные духи. Возле небольших горных озер обитает Ли, там, где разведен огонь — Чэ, а в пыли — Лэй-дин. В северо-восточных низинах живут Пэй-а и Ва-лун, а в северо-западных — И-Ян. Ван-сян селится по берегам рек, Син на холмах, Гуэй водится в горах, а Фэн-хуан в диких дебрях. В болотах же можно встретить Вэй-то.

— Опиши мне его, — попросил князь.

— По толщине Вэй-то со ступицу колеса твоего экипажа, а высотой с колесную ось. Он носит пурпурную одежду и красную шапку. Вэй-то терпеть не может шума проезжающих повозок. Услышав его, он зажимает уши обеими руками. Тому, кто увидит Вэй-то, суждено стать великим правителем.

— Я точно такого и видел! — воскликнул князь. Он выпрямился, оправил одежду и рассмеялся. К вечеру его болезнь прошла, как и не было.

Третий отрывок также взят из сочинений Чжуан-цзы. В нем философ иллюстрирует свойственное даосам мировосприятие примером из нелегкой жизни Конфуция:

Однажды Конфуций оказался на территории между двумя воюющими армиями царств Чэнь и Цай и никак не мог оттуда выбраться. Целых семь дней он не ел ничего, кроме грубой пищи. Хотя по лицу его было видно, что он устал, он все время пел и играл на лютне.

На улице возле дома, где он остановился, два его ученика обсуждали сложившуюся ситуацию.

— Дважды Учителя изгоняли из Лю, из Вэй ему пришлось бежать. В Сунь даже спилили дерево, под которым он отдыхал. В Шань и Чжоу он попадал в крайне затруднительное положение. А теперь он заперт здесь, между армиями Чэнь и Цай, где его запросто могут убить или взять в плен. Он же при этом распевает и играет на лютне! Какое безответственное поведение!

Их слова были переданы Конфуцию. Он отложил в сторону лютню и сказал:

— Они рассуждают, как невежды. Позовите их, я хочу с ними поговорить.

Ученики вошли в комнату.

— Учитель, — сказал один из них, — нас беспокоит ваше поведение. Оно представляется нам очень странным и не соответствующим тому бедственному положению, в которое вы попали.

— Вот как? — сказал Конфуций. — Когда человек живет в согласии с Высшим Путем, его учению обеспечен успех. Когда же он сворачивает с Высшего Пути, его учение обречено на неудачу. Заглянув внутрь себя и всмотревшись внимательно, я вижу, что следую Высшим Путем. Принципы, которые я исповедую, выше царящего вокруг ужасного раздора и помогут мне преодолеть его. А вы говорите, что я нахожусь в бедственном положении! Да, определенные трудности налицо. Но они не заставят меня отказаться от моего Учения. Стойкость сосны и кипариса проявляется тогда, когда они покрыты снегом и льдом. Я даже благодарен этим беспорядкам вокруг — они помогли мне осознать, каким богатством я владею. — Он опять взял в руки лютню и стал играть.

Один из учеников начал танцевать. Второй воскликнул:

— Только сейчас я понял, как высоки и глубоки Пути Господни, которым следует все на небесах и на земле!

Так ли уж хорошо в действительности то, что принято считать «добром»? И так ли уж плохо то, что считается «злом»? Красоту обычно называют «добром», а между тем она погубила немало людей — как красивых, так и тех, кто им встречался. И напротив, бытует мнение, что быть непривлекательным внешне — это «плохо». Однако многие люди именно из-за своей непривлекательности обращались к вещам гораздо более важным, чем внешний вид, и при этом им удавалось достичь таких высот, что уже одно это делало их по-настоящему красивыми. Разумеется, хорошо, если человек крепок и здоров, но часто люди, обладающие силой и здоровьем, полагают, что это нечто само собой разумеющееся, не заботятся о себе и в результате утрачивают эти качества. Слабость же и болезни заставляют многих пересмотреть свой образ жизни и привычки и кардинально улучшить свое физическое состояние. Внешняя непривлекательность, слабость и болезни могут научить очень многому того, кто не глух к учению.

Долголетие также является желанным для всех, но множество людей проводят долгую жизнь в склоках и безделье, просиживая все свободное время у телевизора, жалуясь на здоровье и рассказывая о перенесенных операциях или повторяя снова и снова то, что сказала тетя Гертруда сорок лет назад. В то же время многие из людей, добившихся выдающихся успехов, умерли молодыми, но зато ни одной минуты не прожили зря. Даже смерть, как писал Чжуан-цзы, не всегда бывает несчастьем:

Как знать, не напрасно ли мы так цепляемся за жизнь? Не напоминает ли человек, страшащийся ее конца, путника, который заблудился и забыл дорогу домой?

Ли Чи была дочерью Ай Фэна, военачальника в пограничной области. Когда князь Сян заявил, что берет ее в жены, она выплакала все глаза и насквозь промочила рукава своей одежды. Но, прожив с князем какое-то время и узнав его поближе, она уже смеялась над своими прежними страхами и слезами. Как знать, не испытывают ли тех же чувств души умерших?

Те, кому снятся непрерывные празднества, могут, проснувшись, обнаружить, что их ожидают нужда и печали. Те, кому снится голод, могут, проснувшись, присоединиться к царской охоте. Пока человек спит, он не осознает, что видит сон.

Но проснувшись, он это понимает. Каждого ожидает впереди пробуждение, когда он поймет, что его жизнь была сном...

Эти слова могут показаться странными, но не исключено, что спустя много лет мы вдруг встретим как-нибудь утром или вечером человека, который возьмет и объяснит их нам.

А тем временем почему бы нам не взглянуть открыто на свою собственную жизнь, на окружающий мир и не начать просто Жить? Прежде чем рыдать и умолять Всевышнего, чтобы он избавил нас от тягот и испытаний, давайте рассмотрим как следует то, чем мы владеем. Как знать, может быть те вещи, которые кажутся нам «хорошими», и есть наши испытания — и к тому же не такие уж легкие? А то, что мы считаем «плохим» — может быть, как раз дар божий, призванный помочь нам вырасти над самими собой? Это и проблемы, которые нужно решать, и ситуации, из которых надо научиться выпутываться, и привычки, от которых надо избавляться, и условия, к которым надо приспосабливаться, и вещи, которые надо изменять, и уроки, которые надо усваивать, — словом, все, что может привести нас к мудрости, истине, счастью. Как сказал Уильям Блейк,

Все устроено, как надо,
Горе есть, и есть отрада,
И когда нам это ясно,
Нам дорога не опасна.
Слиты радость и мученье —
Душ высоких облаченье)*.

Хм... Тем временем, похоже, никого из наших друзей вокруг не осталось...

---

* Перевод Г. Гампер.

— Я остался, — пропищал Пятачок.

— Да, смотри-ка, действительно.

— Мне очень понравились эти истории.

— Это замечательно.

— Они помогли мне... Навели на мысль.

— На мысль? О чем же?

— О страхе.

— Даже так?

— Да. Я, пожалуй, пойду пройдусь и подумаю эту мысль. Я скоро вернусь.

— Ну, что ж, правильно. Желаю успеха.

Научившись видеть вещи такими, какие они есть в действительности, мы попадаем в удивительный волшебный мир, в котором мы, оказывается, жили все время, но не замечали этого. Генри Дэвид Торо писал об этом:

Разве курс истории, или философии, или поэзии, пусть самой избранной, или самое лучшее общество, или самый налаженный обиход могут сравниться с умением видеть все, что показывает нам жизнь? Что ты хотел бы – только читать, быть читателем, или видеть, то есть быть провидцем? Прочти свою судьбу, знай, что лежит перед тобой и шагай в будущее*.

Вот удачная загадка — надо будет загадать ее Пятачку, когда он вернется: Если «хорошее» не всегда хорошее, а «плохое» не всегда плохое, то что можно сказать о «маленьком»?

* Перевод З. Александровой.

Отважное сердце

Теперь ветер дул им навстречу, и уши Пятачка трепались, как флажки, изо всех сил стараясь улететь от хозяина, с великим трудом продвигавшегося вперед. Ему казалось, прошли целые часы, пока он наконец загнал свои ушки под тихие своды Дремучего Леса, где они снова выпрямились и прислушались — не без волнения — к вою бури в вершинах деревьев.

— Предположим, Пух, что дерево вдруг упадет, когда мы будем как раз под ним? — спросил Пятачок.

— Давай лучше предположим, что не упадет, — ответил Пух после некоторого размышления.

Это предложение утешило Пятачка, и спустя немного времени друзья весело, наперебой стучали и звонили у двери Совы.

Теперь самое время... Но что это там за писк?

Увы, что можешь сделать ты,
Когда ты слаб и ростом мал?
Твои геройства — лишь мечты,

Да, лишь мечты, увы, увы,
Их совершить не можешь ты,
Как сильно ты бы ни желал!

— Пятачок?! Что это значит, ради всего святого?

— Пух начал давать мне уроки напевания, — пропищал Пятачок.

— Ты хочешь сказать, уроки пения? Впрочем, может быть, их действительно правильнее назвать уроками напевания... Так значит, он решил научить тебя сочинять песенки?

— Да.

— Ну-ну. Надеюсь только, он осознает, чем он собирается удивить ничего не подозревающий мир.

— Привет! — сказал Пух. — Пятачок уже спел тебе свою песенку?

— Какую-то ее часть, по крайней мере. Поет он, надо сказать, необыкновенно высоким голосом. Люди назвали бы его «очень высоким тенором».

— Не может быть, — сказал Пух. — В нем всего несколько дюймов.

— В чем несколько дюймов?

— В Пятачке.

— При чем тут рост Пятачка? Я...

— Ты же сам сказал, что его назвали бы очень высоким тенором. А я говорю...

— Я имел в виду, что голос высокий, а не Пятачок.

— Да уж, Пятачок — Очень Маленькое Существо, — согласился Пух.

— Вот именно, — вмешался Пятачок. — Нельзя требовать от поросенка, чтобы он пел так же, как бурый медведь. У медведя буритон.

— Ха-ха! Пятачок, ай да неологизм!

— Где неологизм? — всполошился Пятачок.

— Что такое неологизм? — одновременно спросил Пух.

О чем это я собирался сказать? Ах, да. Теперь самое время поговорить о Чувствительности, Скромности и Неприметности — трех качествах, коими потенциально обладают все

211

Пятачки, независимо от того, признают они их или нет. Даосизм придает этим качествам гораздо большее значение, чем все остальные учения Востока и Запада. В даосских трудах различные стороны этих трех качеств воплощены в образах Ребенка, Таинственной Женщины и Духа Долины. Примечательно, что эти же образы служат воплощением и самого *dao*.

Начнем с Чувствительности. На Западе ее считают скорее минусом, от которого следует избавиться, нежели плюсом. («О, вы чересчур чувствительны!») Но даже Запад не может не признать в некоторой степени ту силу, коей обладает это качество. Общеизвестно, к примеру, что чрезмерная «пессимистическая» чувствительность по отношению к собственному здоровью, принимающая форму мнительности, неоправданного навязчивого беспокойства, может послужить причиной хронического заболевания. Гораздо меньше люди осознают силу «оптимистической» чувствительности, которая способна сохранить здоровье человека и вылечить его, заставив прислушаться к потребностям собственного организма, избегать того, что ему вредно, рисовать в воображении пути и способы выздоровления и тем самым как бы направлять исцеляющую энергию. Все большему числу людей удается таким образом избавиться от болезней, считавшихся неизлечимыми.

Чувствительность и мастерство — вещи взаимосвязанные. Когда возрастает одно, растет и другое. Достигший мастерства танцовщик в ходе тренировок, репетиций и выступлений привыкает постоянно ощущать работу своих мышц, чувствовать, как они растягиваются и сокращаются, напрягаются и расслабляются. Эта чувствительность позволяет ему прыгать, бегать и крутиться, не прилагая лишних усилий. Опытный спортсмен чувствует, как и в какой момент надо двигаться, бросить или ударить мяч, что нужно сделать, чтобы завоевать очко. Даос, учивший нас искусству тайцзицюань, развил свою чувствительность до такой степени, что угадывал маневр противника прежде, чем тот начинал выполнять его. Любой мастер достигает успеха в своем деле благодаря развитой чувствительности.

Как писал Чжуан-цзы,

Людей, достигших совершенства, нельзя сжечь в огне или утопить в воде. Они не боятся ни жары, ни холода, и даже дикие звери им не опасны. И дело не в том, что они невосприимчивы, а в том, что они точно знают, когда нужно мобилизовать свои силы, а когда можно расслабиться. Они бдительны как в благоприятных условиях, так и в момент опасности, осторожны во всем, что они делают, и потому ничто не может причинить им вреда.

Но это только при том условии, что они не будут распивать чаи в ветреную погоду на верхушке дерева в гостях у Совы.

Раздался страшный треск.

— Берегись! — закричал Пух. — Осторожно, часы! Пятачок, с дороги! Пятачок, я на тебя падаю!

— Спасите! — закричал Пятачок.

Пухова сторона комнаты медленно поднималась вверх, его кресло съезжало вниз в направлении кресла Пятачка; стенные часы плавно скользнули по печке, собирая по дороге цветочные вазы, и, наконец, все и вся дружно рухнуло на то, что только что было полом, а сейчас старалось выяснить, как оно справится с ролью стены.

Дядя Роберт, который, по-видимому, решил превратиться в коврик и захватил с собой заодно и знакомую стену, налетел на кресло Пятачка в тот самый момент, когда Пятачок хотел оттуда вылезти.

Словом, некоторое время было действительно нелегко определить, где север... Потом вновь послышался страшный треск... вся комната лихорадочно затряслась... и наступила тишина.

Так Сова нежданно-негаданно с верхушки дерева переселилась сразу на нижний этаж. Ничего себе пирожки!

— Пирожки? Какие пирожки? — спросил Пух.

Для даосов понятие чувствительности означает умение жить в согласии с окружающим миром. Говоря словами Лао-цзы, «опытный путешественник не оставляет следов» — он чувствует (и, стало быть, уважает) природу и не нарушает ее законов. Подобно хамелеону, он сливается со своим окружением. Этой способностью он обязан более высокому уровню сознания, который достигается, когда человек отказывается от своего «я».

Как писал Чжуан-цзы,

Человек, не погруженный целиком в самого себя, видит мир таким, каков он есть в действительности. Он движется, как вода, отражает мир, как зеркало, и отвечает ему, как эхо. Он настолько легок, что кажется исчезающим. Он спокоен и ясен, как вода в лесном озере, и живет в согласии с окружающими людьми как в случае успеха, так и при неудачах. Он не стремится вырваться вперед, а следует за другими.

— Но где же пирожки?! — спросил Пух.

— Ради бога, Пух, не сбивай меня. Посмотри в холодильнике.

— В холодильнике пусто.

— Ну, уж я-то тут не при чем.

Даосский алхимик и собиратель трав Го Хун считал важным преимуществом сознания, не сосредоточенного на себе самом, его непритязательность, способность довольствоваться малым:

Непритязательный человек знает цену тому, что на первый взгляд кажется бесполезным. Он легко находит достойное занятие и в лесу, и на горных вершинах. Он прекрасно устраивается в небольшой хижине и радуется простым вещам. Он не поменял бы свою поношенную одежду на роскошное облачение, а поклажу, которую несет на спине, на экипаж, запряженный четверкой лошадей. Он не стремится собрать весь нефрит на склонах гор и выловить весь жемчуг в океане. Он может быть счастлив всюду, куда бы ни шел и что бы ни делал, потому что он знает, когда остановиться. Он не сорвет недолговечный цветок и не пойдет по опасной дороге.

Все несметные сокровища мира для него — пустой звук. Он шагает по зеленым холмам, напевая песенку.

Ветви деревьев, дающие кров, для него удобнее, нежели особняки за красными воротами, плуг в руках почетнее, чем высокие титулы и громкие славословия, свежая горная вода лучше всяких пышных празднеств. Он свободен по-настоящему. Его не привлекает погоня за почестями. Что хорошего может быть в жадности и вечной неудовлетворенности? Простота открывает ему доступ к Дао, а с ним — и ко всему миру. Он видит свет среди мнимой тьмы, «туман» для него проясняется, «медленное» становится быстрым, «пустота» — наполненной. Повар, который готовит своими руками пищу, достоин в его глазах не меньшего уважения, чем знаменитый певец или высокопоставленный чиновник. Ему не надо ни гоняться за прибылью, ни думать о том, как сэкономить зарплату; он не знает ни хвалы, ни хулы. Он смотрит вверх без зависти, а вниз без высокомерия. Многие глядят на него, но никто его не видит. Он живет спокойно и отчужденно, как незримый дракон среди людей, и все беды минуют его.

Незримый... Это кое-что напоминает.

В углу зашевелилась скатерть. Она свернулась в клубок и перекатилась через всю комнату...

...Потом она подскочила раза два-три и выставила наружу два уха...

...вновь прокатилась по комнате и развернулась.

Появившийся на сцене Пятачок заставляет нас вспомнить о втором из трех качеств, упомянутых в начале главы, а именно о Скромности. В связи с этим очень уместно будет привести историю Чжуан-цзы — одну из лучших, по нашему мнению:

Когда Янь-цзы приехал в Сун, он остановился на ночь на постоялом дворе. У хозяина было две жены — одна из них красавица, другая совершенно невзрачная. Невзрачной оказывали всевозможные почести, а на красивую никто не обращал внимания. Наутро Янь-цзы спросил о причине этого у одного из мальчиков, проживавших в доме.

— Красивая и так знает, что она красива, — ответил мальчик, — а некрасивая знает, что она некрасива.

Вернувшись домой, Янь-цзы сказал своим ученикам:

— Запомните этот урок. Руководствуйтесь в поступках не гордостью, а своими реальными достоинствами, и тогда все будут вас любить.

В этой истории, на наш взгляд, как нельзя лучше выражено все, что можно сказать о Скромности, и потому имеет смысл перейти к вопросу о Неприметности.

— Пятачок, хотелось бы узнать твое мнение о вещах маленьких и неприметных.

— Я как раз сочинил тут кое-что об этом. Кхм, кхм...

> Кем в жизни этой можно стать,
> Когда ты так безумно мал?
> Не можешь лазить и летать,
> И даже шишку не достать,
> И остается лишь мечтать,
> Чтоб ростом я чуть больше стал.

> О, если бы я был другим —
> Тогда бы я уж точно знал,
> Чем мне заняться, и тогда
> Я всех-всех-всех бы удивлял,
> Но я, увы, так мал, так мал!

— Спасибо, Пятачок. Я чего-то в таком духе и ожидал.

Для Запада типично представление: «чем Больше, тем Лучше». Крупный человек заведомо сильнее маленького, гигантская корпорация во всех смыслах превосходит небольшую фирму, взрослые всегда умнее детей. Даосизм же полагает, что это не так.

Разве маленький человек так уж неизбежно проигрывает в схватке? Упоминавшийся выше тренер по тайцзицюань, человек некрупный даже по китайским меркам, как-то подвергся нападению целой банды вооруженных хулиганов в одном из тупичков Гонконга — и вышел победителем. В военном искусстве, как и в жизни вообще, следует опасаться не крупного противника, а как раз маленького. И на то есть много причин как чисто физического свойства (к примеру, большая устойчивость низкого человека вследствие смещения центра тяжести), так и технического (маленькому приходится волей-неволей научиться различным трюкам) или психологического (он должен полагаться не только на мощь своих мышц, но и на быстроту реакции). Тяжеловесы обычно так уверены в непреодолимой силе своей мускулатуры, что из-за этого ленивы и медлительны; маленьким же легче управлять своим меньшим весом, они более гибки, подвижны и энергичны. Нередко приходится видеть, как легкий и подвижный боксер буквально танцует вокруг своего более мощного противника, нанося ему удар за ударом и уклоняясь от ответных атак, и потому восхищение чьими-то габаритами не может вызвать у нас ничего, кроме улыбки. Что пользы быть величиной с приличный автофургончик, если не можешь даже точно попасть по противнику? Китайская легенда об обезьянах и кузнечиках служит наглядным подтверждением нашего тезиса:

Однажды, в очень давнее время, стадо обезьян, жившее на склоне горы, решило переселиться в долину, где было теплее. Однако в долине жило много кузнечиков, которые мешали обезьянам. Обезьяны пытались сначала уговорить кузнечиков покинуть долину, потом прогнать их с помощью угроз. Но кузнечики не желали уходить.

— Эй, малявки! — рычал Предводитель обезьян. — Если вы не уйдете подобру-поздорову, мы заставим вас это сделать! Завтра же мы зададим вам трепку!

— Ну что ж, — ответил Предводитель кузнечиков. — Будем драться, если вы настаиваете на этом.

На следующий день обезьяны, вооруженные дубинками, нагрянули в полном составе в долину.

— Убирайтесь вон, кузнечики! — кричали они. — Где вы прячетесь?

— Мы здесь, — отвечали кузнечики и набросились на обезьян. В долине поднялся страшный шум от множества дубинок, но обезьяны в основном колошматили друг друга, так как кузнечики проворно ускользали от их ударов. Предводитель обезьян вдруг с отвращением обнаружил, что на его нос взгромоздился Предводитель кузнечиков. «Сейчас я его прикончу, шеф!» — закричала ближайшая обезьяна. Размахнувшись, она нанесла сокрушительный удар — но не по кузнечику, а по носу своего Предводителя, сплющив его в лепешку. Такая же участь постигла носы и всех других обезьян. Кончилось дело тем, что обезьянам пришлось убраться восвояси, и в долине опять воцарился мир.

Вот почему у всех обезьян приплюснутые носы и они не любят селиться в долинах.

Всегда ли огромная, как динозавр, корпорация превосходит маленькую компанию? Ведь динозавры, так гордившиеся своими размерами, в конце концов все-таки вымерли. Похоже, что и в современном мире бизнеса действует та же закономерность.

Про динозавров нам все известно со школьных лет — они какое-то время безраздельно хозяйничали на земле, но, в отличие от более мелких и подвижных животных, не сумели приспособиться к происходившим географическим и климатическим изменениям и в результате исчезли с лица земли. Как говорят ученые, из всех существующих сейчас видов наиболее прямыми потомками динозавров являются птицы — небольшие, подвижные существа, легко приспосабливающиеся к различным условиям.

Крупные компании постепенно скупают мелкие, их поглощают огромные корпорации, которые, в свою очередь, становятся добычей гигантских межнациональных объединений. Но чем больше они растут, тем более становятся зависимыми друг от друга и потому уязвимыми. Собственная величина очень быстро оборачивается им во вред. Как можно было неоднократно убедиться за последнее время, требуется совсем немного, чтобы у большой корпорации вдруг возникли большие проблемы. При этом чем крупнее корпорация, тем сильнее она разбивается при падении. Возможно, в течение какого-то начального периода в бизнесе и действует правило выживания сильнейших, но все чаще приходится наблюдать, что окончательную победу одерживают более мелкие предприятия. Некоторые бизнесмены в поисках оптимального способа выживания обращаются к боевой тактике самураев. На наш взгляд, еще большую пользу им могла бы принести «Дао дэ цзин»: «Мощные и несгибаемые падут; гибкие и уступчивые выживут». Но это так, между прочим.

Под столом в противоположном углу комнаты поднялась какая-то возня, и Сова опять появилась среди гостей.

— Пятачок! — сказала Сова с очень рассерженным видом. — Где Пух?

— Я и сам не совсем понимаю, — сказал Пух.

И наконец, всегда ли взрослый мудрее ребенка? В каждом конкретном случае это зависит, конечно, от того, какой ребенок и какой взрослый. Но даосизм, подходя к вопросу более широко, рассматривает мудрость как детское состояние. Дети рождаются мудрыми, но с возрастом утрачивают часть мудрости, если не всю. Те же, кому удается ее сохранить, напоминают в том или ином отношении детей. Не случайно китайский суффикс «цзы», который сейчас употребляется в значении «учитель», первоначально означал «ребенок».

Философ-конфуцианец Мэн-цзы, по своим взглядам на удивление близкий к даосизму, писал: «У великого человека сохраняется разум ребенка». И, как показывает нижеследующая история, рассказанная Чжуан-цзы, великий человек уважает детский разум:

В сопровождении шести самых мудрых своих приближенных Желтый Император отправился на гору Чу-цзу, чтобы побеседовать с мистиком Да Гуэм. Но по дороге они заблудились в диких дебрях провинции Сян-Чэн. После долгих блужданий они встретили мальчика, пасшего лошадей.

— Ты знаешь, как проехать к горе Чу-цзу? — спросили они его.

— Да, знаю, — ответил мальчик.

— Тогда, может быть, ты знаешь и то, где находится тайное убежище отшельника Да Гуэя?

— Да, — ответил мальчик, — я могу сказать вам, где оно.

— Удивительный ребенок! — сказал император своим спутникам. — Все-то он знает!.. Ну-ка, я проверю его. — Он выбрался из экипажа и подозвал мальчика.

— Скажи мне, — обратился к нему Желтый Император, — что бы ты сделал, если бы тебе пришлось управлять империей?

— Я умею только ухаживать за лошадьми, — ответил мальчик. — А умение управлять империей отличается от этого?

Тогда император сказал:

— Я понимаю, что вопросы государственного управления тебя едва ли волнуют. И все же, ты ведь можешь представить себе это занятие. Что ты думаешь об этом?

Мальчик ничего не ответил. Когда император повторил свой вопрос, мальчик опять спросил в ответ:

— Отличается ли управление империей от ухода за лошадьми?

— Объясни мне сначала, что значит ухаживать за лошадьми, и тогда я смогу тебе ответить.

— Когда ухаживаешь за лошадьми, — сказал мальчик, — то главное — не причинить им никакого вреда. Для этого нужно отбрасывать те мысли и отказываться от тех желаний, которые

227

могут повредить им. Есть ли в этом какая-нибудь разница с управлением империей?

— Боже Всемогущий! — воскликнул Желтый Император и дважды поклонился до земли.

— А с чем они? — спросил Пух.

— Кто?.. О чем ты, Пух?

— Как о чем? О пирожках.

— О каких пирожках??

— Ну как же, ты же сам сказал: «Ничего себе пирожки».

— Ах, вот в чем дело! Это просто такое выражение.

— А-а... — протянул Пух разочарованно.

— Пух, ты когда-нибудь думаешь о чем-нибудь, кроме своего желудка?

— Я вообще никогда о нем не думаю, — сказал Пух.

— Неужели? Ну-ну... Рад это слышать.

— Я обычно думаю о еде.

— Да! — сказала Сова. — Прелестное положение вещей!

— Что мы будем делать, Пух? Ты можешь о чем-нибудь подумать? — спросил Пятачок.

— Да, я как раз думал кое о чем, — сказал Пух. — Я думал об одной маленькой вещице. — И он запел, вернее, запыхтел такую

Пыхтелку:

Я стоял на носу

И держал на весу

    Задние лапки и все остальное...

Цирковой акробат

    Был бы этому рад,

    Но Медведь — это дело иное!

И потом я свалился,

    А сам притворился,

    Как будто решил отдохнуть среди дня.

И, лежа на пузе,

    Я вспомнил о Музе,

    Но она позабыла Поэта (меня).

Что делать!..

    Уж если,

    Устроившись в кресле,

И то не всегда мы владеем стихом, —

    Что же может вам спеть

    Несчастный Медведь,

На которого Кресло уселось верхом!

— Вот и все! — сказал Пух.

Сова неодобрительно кашлянула и сказала, что если Пух уверен, что это действительно в с е, то они могут посвятить свои умственные способности Проблеме Поисков Выхода.

— Ибо, — сказала Сова, — мы не можем выйти посредством того, что обычно было наружной дверью. На нее что-то упало.

Но вернемся к даосизму и его принципам. Если мы устраним всякое вмешательство со стороны нашего «я», энергия вселенского Пути будет протекать через нас беспрепятственно. И это одна из причин, по которым даосы считают столь необходимым для человека быть маленьким и неприметным. Как писал Лао-цзы в 28-м чжане «Дао дэ цзин»,

Познай мужское начало,
Но придерживайся женского.
Стань рекой
Для всего под Небесами.
Подобно тому, как течет река,
Живи в постоянстве Добродетели;
Вернись к детскому состоянию.
Познай свет,
Но придерживайся тени.
Стань моделью
Для всего под Небесами.
Подобно тому, как модель повторяет себя,

Действуй в постоянстве Добродетели;
Вернись к началу.
Познай высокое,
Но держись низко.
Стань долиной
Для всего под Небесами.
Подобно тому, как долина дарит изобилие,
Отдавай с постоянством Добродетели;
Вернись к естественной простоте.

А в 36-м чжане Лао-цзы пишет, что, став маленьким и неприметным, человек приобретает силу, позволяющую ему подражать самому *пути*:

Великий Путь протекает повсюду —
И слева, и справа.
Он дарует жизнь
Десяткам тысяч вещей.
Он питает всех,
Не утаивая ничего.
Он делает все, что требуется,
Но не требует признания.
Он кормит и одевает всех,
Но не претендует
На роль хозяина.
Он ничего не просит взамен.
Его можно назвать малым и неприметным.

Десятки тысяч вещей
Следуют этим Путем,
Возвращаются к нему.
Но он не претендует
На роль хозяина.
И потому его можно назвать
Великим.

Так и мудрый человек может стать великим,
Научившись быть малым и неприметным.

Между тем в домике Совы...

— А как же еще можно тогда выйти? — тревожно спросил Пятачок.

— Это и есть та Проблема, Пятачок, решению которой я просила Пуха посвятить свои Умственные Способности.

Пух уселся на пол (который когда-то был стеной) и уставился на потолок (который некогда был другой стеной — стеной с наружной дверью, которая некогда была наружной дверью), и постарался посвятить им свои Умственные Способности.

— Сова, ты можешь взлететь к почтовому ящику с Пятачком на спине? — спросил он.

— Нет, — поспешно сказал Пятачок, — она не может.

Сова стала объяснять, что такое Необходимая или Соответствующая Спинная Мускулатура. Она уже объясняла это когда-то Пуху и Кристоферу Робину и с тех пор ожидала удобного случая, чтобы повторить объяснения, потому что это такая штука, которую вы спокойно можете объяснять два раза, не опасаясь, что кто-нибудь поймет, о чем вы говорите.

— Потому что, понимаешь, Сова, если бы мы могли посадить Пятачка в почтовый ящик, он мог бы протиснуться сквозь щель, в которую приходят письма, слезть с дерева и побежать за подмогой, — пояснил Пух.

Пятачок немедленно заявил, что он за последнее время стал ГОРАЗДО БОЛЬШЕ и вряд ли сможет пролезть в щель, как бы он ни старался.

Сова сказала, что за последнее время щель для писем стала ГОРАЗДО БОЛЬШЕ специально на тот случай, если придут большие письма, так что Пятачок, вероятно, с м о ж е т.

Пятачок сказал:

— Но ты говорила, что необходимая, как ее там называют, не выдержит.

Сова сказала:

— Не выдержит, об этом нечего и думать.

А Пятачок сказал:

— Тогда лучше подумаем о чем-нибудь другом, — и первым подал пример.

— А я придумал еще один куплет с припевом, — сказал Пятачок.

— В самом деле? И как же они звучат?

— А вот как:

Что можно в жизни повидать,
Когда твой рост, увы, так мал?
Звезд с неба может нахватать
Лишь тот, кто с детства сильным стал.
Увы, они не для тебя, —
Для тех, кто мощен и высок,
Кто головой под потолок.

Но как же быть? Как больше стать?
Как жаловаться перестать?
Ведь что бы делать ты ни стал,
Останешься, как прежде, мал.

— Знаешь, Пятачок, песенка, конечно, неплохая, но все это бессмысленно.

— Что бессмысленно? Я не понимаю...

— Жалобы твои бесконечные бессмысленны. Повторяя их снова и снова, ты только внушаешь себе, что ничего не можешь сделать. И потому ты всего боишься.

— Но что я могу сделать, если я такое Очень Маленькое Существо?

— Ты мне разрешишь высказать одно соображение?

— Пожалуйста... Какое?

— Твои страхи бессмысленны потому, что они надуманные, они не служат предупреждением о какой-то реальной опасности, а являются лишь плодом твоего напуганного воображения: «А вдруг случится то-то и то-то...» — «А вдруг мне встретится Слонопотам? Или вдруг я шлепнусь пятачком прямо в лужу? Или как-нибудь еще оскандалюсь?» Разве не так?

— Ну... возможно.

— Я посоветовал бы тебе в следующий раз, когда тебя опять посетит это «А вдруг...», взглянуть на него без страха и задать ему один вопрос: «Ну, и что при этом может со мной произойти самое-самое ужасное?» А когда ты получишь ответ, подумай, как ты можешь это предотвратить. Поверь мне, какой-то выход обязательно найдется, и ты увидишь, что в любой, даже самой критической, ситуации ты не беспомощен. И тогда все твои страхи улетучатся.

— Улетучатся?

— Обязательно. Особенно если ты поймешь, где находится источник, дающий тебе твою силу. Ведь все мы в том или ином отношении — Очень Маленькие Существа, и нечего переживать по этому поводу, потому что так и было задумано. Все, что от нас требуется, —

это жить, не сбиваясь с Пути, позволяя его энергии действовать через нас во благо всего сущего. Путь сам сделает все, что нужно.

— Как это? — спросил Пятачок.

— Ну, вот я, например, совсем не сочиняю эту книгу — это было бы и трудно, и скучно — сплошные мучения. Вместо этого я позволяю книге сочиняться самой, а я лишь помогаю ей — и это прямо-таки захватывающее занятие, сплошное удовольствие. Ежедневно, где бы я ни был, я вижу что-то интересное и заношу это в книгу. Перефразируя поэта Мацуо Басе, лучшего из сочинителей хайку, можно сказать: «Каждый изгиб дороги порождает новые идеи, каждый рассвет вызывает новые ощущения». Когда пишешь — или делаешь что-либо иное, — подчиняясь Пути, это напоминает увлекательное путешествие. Бог знает, где ты окажешься завтра и что ты будешь там делать.

— Мне никогда ничего такого не приходило в голову! — сказал Пятачок.

— И когда мы идем истинным Путем, никакие страхи нам не страшны, мы не боимся ни поражения, ни успеха.

236

— Разве можно бояться *успеха*?

— Еще как можно. Очень многие люди боятся его. Один из таких случаев описал Чжуан-цзы:

Когда Яо осматривал однажды достопримечательности Хуа, один из пограничных стражников узнал его и приблизился со словами:

— О Учитель! Да благословят вас Небеса! Да ниспошлют они вам долгую жизнь!

— Ой, нет! — сказал Яо. — Только не это!

— Да ниспошлют они вам богатство!

— Ой, нет! — опять повторил Яо.

— Да ниспошлют они вам много сыновей!

— Ой, нет!

— Что значит это «Ой, нет»? — спросил стражник. — Все люди хотят жить долго, быть богатыми, иметь много сыновей. Почему вам это не нравится?

— Много сыновей — много забот, — сказал Яо. — Большое богатство — большое беспокойство. Долгая жизнь — долгие мучения и унижения. Вот почему я не хочу всего этого.

— Раньше, — сказал стражник, — я считал вас Великим Учителем. Теперь же я вижу, что вы превосходите других лишь положением. Когда Небеса посылают вам сыновей, они заботятся и о том, чтобы обеспечить им занятие. Если бы у вас было много сыновей, и у каждого – свое занятие, у вас не было бы никаких забот. Если бы вы имели большое богатство и поделились им с другими, вам не о чем было бы беспокоиться. Что же касается долгой жизни... Мудрый человек живет, как птица, которая ни с кем не враждует и ни о чем не беспокоится. Он находит себе жилье повсюду, как куропатка, и питается, как птенчик, тем, что ему посылают заботливые Небеса. Он проходит по жизни так, как летает птица, – не оставляя следов. Когда вся империя идет истинным Путем, он наслаждается плодами вместе с ней, когда она сбивается с Пути – он удаляется от мира и взращивает свою Добродетель. Прожив на земле долго и счастливо, он покидает ее и парит в облаках. Он может не бояться никакого зла, он не ведает бед и унижений. – С этими словами стражник отвернулся от Яо и пошел своим путем.

Яо поспешил за ним.

– Подожди! – крикнул он. – Я хочу тебя спросить...

– Оставь меня! – сказал стражник и удалился.

— Эта история, — сказал я, — раскрывает смысл известного даосского изречения: «Относись одинаково и к выигрышу, и к потере». Иначе говоря, ничего не бойся и не делай из мухи слона, принимай мир таким, каким он тебе дан. Вселенная знает, что делает. Так что не бери на себя слишком много, но и не тушуйся.

— А-а... — сказал Пятачок. — Теперь я понимаю.

— Ты собрался куда-то идти? — спросил я.

— Да, пойду поработаю над своей песенкой.

– Сова, – сказал Пух, – я что-то придумал.

– Сообразительный и Изобретательный Медведь! – сказала Сова.

Пух приосанился, услышав, что его называют Поразительным и Забредательным Медведем, и скромно сказал, что да, эта мысль случайно забрела к нему в голову.

И он изложил свою мысль.

– Надо привязать веревку к Пятачку и взлететь к почтовому ящику, держа другой конец веревки в клюве; потом надо просунуть бечевку сквозь проволоку и опустить ее на пол, а еще потом мы с тобой потянем изо всех сил за этот конец, а Пятачок потихоньку подымется вверх на том конце – и дело в шляпе!

А Пятачок в ящике — если, конечно, не порвется веревка, как верно заметила Сова.

– Она не порвется, – шепнул ободряюще Пух, – потому что ведь ты Маленькое Существо, а я буду стоять внизу, а если ты нас всех спасешь – это будет Великий Подвиг, о котором долго не забудут, и, может быть, я тогда сочиню про

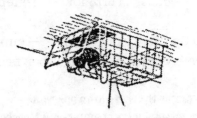

это Песню, и все будут говорить: «Пятачок совершил такой Великий Подвиг, что Пуху пришлось сочинить Хвалебную Песню!»

Тут Пятачок почувствовал себя гораздо лучше, и, когда все было готово и он начал плавно подниматься к потолку, его охватила такая гордость, что он, конечно, закричал бы: «Вы поглядите на меня», если бы не опасался, что Пух и Сова, залюбовавшись им, выпустят свой конец веревки.

— Поехали, — весело сказал Пух.

— Подъем совершается по заранее намеченному плану, — ободряюще заметила Сова.

Вскоре подъем был окончен. Пятачок открыл ящик и пролез внутрь, затем, отвязавшись, он начал протискиваться в щель, сквозь которую в добрые старые времена, когда входные двери были входными дверями, входило, бывало, много нежданных писем, которые хозяйка вдруг получала от некоей С а в ы .

Пятачок протискивал себя и протаскивал себя, и, наконец, совершив последний натиск на щель, он оказался снаружи.

И Победа была за ними. Помощь и Спасение подоспели вовремя.

Это говорит о том, что...

— А вот и я! — сказал Пятачок.

— А вот и ты. Сочинил еще куплет?

— Да, и даже с припевом.

— Ах, еще и с припевом... Интересно было бы послушать.

> Любуясь тем, кто не лишен
> Ни сил, ни высоты,
> Вдруг видишь, что не может он
> Свершить, что можешь ты.
> Так стало быть, я лишь смешон,
> Стесняясь мелкоты?

И если бы другим я стал —
И больше, и сильней —
То очень много потерял
Я в жизни бы своей.

— Ну вот, это совсем другое дело, — сказал я. — Гораздо, гораздо лучше. Ты делаешь успехи.

— Правда? — сказал Пятачок и заметно порозовел.

— А вот и Сова с Иа-Иа... Друзья! Пойдемте отпразднуем Доблестное Вызволение Пятачка! Я заказал столик у Шести Сосен. Захватим по дороге Кенгу и всех остальных, и...

— А пирожки там будут? — спросил Пух с надеждой.

— Обязательно. Пирожки — это первое, что я включил в меню.

— А с чем?

— С медом! Кроме того, там будут хрустящие сенные палочки и многое другое. Но к чему говорить об этом, когда можно самим попробовать? Пошли. Пятачок, не отставай!

— И не забудь захватить окончание песенки, — добавил Пух.

— Иду...

Так стоит ли на рост пенять?
Зачем мне быть большим?
Судьбу не лучше ль в руки взять
И стать собой самим?

День Пятачка

Они где-то раздобыли канат и вытаскивали стулья, и картины, и всякие вещи из прежнего дома Совы, чтобы все было готово для переезда в новый дом. Кенга связывала узлы и покрикивала на Сову: «Я думаю, тебе не нужна эта старая грязная посудная тряпка. Правда? И половик тоже не годится, он весь дырявый», на что Сова с негодованием отвечала: «Конечно, он годится — надо только правильно расставить мебель! А это совсем не посудное полотенце, а моя шаль!»

Крошка Ру поминутно то исчезал в доме, то появлялся оттуда верхом на очередном предмете, который поднимали канатом, что несколько нервировало Кенгу, потому что она не могла за ним как следует присматривать. Она даже накричала на Сову, заявив, что ее дом — это просто позор, там такая грязища, удивительно, что он не опрокинулся раньше! Вы только посмотрите, как зарос этот угол, прямо ужас! Там поганки! Сова удивилась и посмотрела, а потом саркастически засмеялась и объяснила, что это ее губка и что если уж не могут отличить самую обычную губку от поганок, то в хорошие времена мы живем!..

— Ну и ну! — сказала Кенга.

А Крошка Ру быстро вскочил в дом, пища:

— Мне нужно, нужно посмотреть на губку Совы! Ах, вот она! Ой, Сова, Сова, это не губка, а клякса! Ты знаешь, что такое клякса, Сова? Это когда твоя губка вся расскляк...

И Кенга сказала (очень поспешно): «Ру, милый!» — потому что не полагается так разговаривать с тем, кто умеет написать слово «с у б б о т а».

Домик Совы, несомненно, что-то напоминает. Что-то очень знакомое. Но что именно? Может быть, нам легче будет догадаться, если мы представим его себе не в опрокинутом виде, а по-прежнему горделиво возвышающимся надо всем окружающим и как бы бросающим вызов природным стихиям. Со временем он пришел в упадок из-за недостатка внимания со стороны хозяйки, занятой другими, более интересными вещами... Ну конечно же! Все это очень напоминает нашу цивилизацию. Неужели она так же полетит вверх тормашками? Впрочем, какой смысл гадать о будущем нашей цивилизации, когда и так ясно, какая участь ее ждет?

Чрезвычайно любопытно и даже порой как-то чудно наблюдать, как человеческая история то и дело повторяет себя. Такое впечатление, что честолюбивые и воинственные конфуцианцы, которых в свое время высмеял еще Лао-цзы и другие даосы, вырядились в современные костюмы и вновь вышли на сцену командовать нами. Читая приведенные в «Дао дэ цзин» описания китайского общества того времени и данные автором оценки, не можешь избавиться от престраннейшего ощущения, что это было написано не далее, как позавчера. Так что при всем своем почтенном возрасте даосизм, похоже, не утратил ни капли своей злободневности. Может быть, он и сейчас сможет подсказать нам верный путь?

Ибо то, что происходит сейчас, едва ли можно назвать прогрессом. Просвещенная эпоха президента Кеннеди (который, между прочим, не раз употреблял в речах цитаты из «Дао дэ цзин») сменилась правлением целой плеяды снискавших скандальную славу администраций, возглавляемых ставленниками тех или иных влиятельных кругов. Завернувшись в звездно-полосатое знамя патриотизма, эти лидеры, похоже, задались целью разрушить нашу демократическую систему, погубив заодно и нашу землю с ее лесами, реками и самим воздухом.

Вот уже много лет у кормила власти стоят невежественные своекорыстные консерваторы, а все разумные политики, озабоченные судьбой нации, изгнаны. Можно ли сказать после всего этого, что мы живем в здоровом обществе?

Совершенно непонятно, кстати, почему наших нынешних правителей называют консерваторами. Они не только ничего не консервируют, но и не пытаются сохранить вообще что-либо. Они не заботятся о сохранении природных ресурсов, а разбазаривают их налево и направо. Они не заботятся о сохранении морали и семьи, хотя громогласно трубят о своей исключительной приверженности этим ценностям. Но все эти заверения — пустой звук, потому что исходят они от тех, кто наживается с помощью коммерческих предприятий, попирающих все нравственные нормы, выгоняющих на улицу бедняков, вдов и сирот. Может быть, они заботятся о сохранении денежных средств? Определенно, нет, — во всяком случае, не средств налогоплательщиков. Похоже, единственное, что они стремятся сохранить, — это как раз то, от чего человечеству давным-давно пора избавиться: безнравственность и жадность, ограниченность и предубежденность, нетерпимость и бессердечие.

Консерваторы (которые, по их собственным словам, являются людьми глубоко верующими) полагают, что «Бог поможет тому, кто поможет себе сам», и поэтому помогают себе всюду, где только могут. И не ждите, что они помогут своему ближнему. Или, тем более, всей нашей планете.

Не так давно, например, правящие нами консерваторы затеяли войну с Ираком, чтобы отобрать у него залежи нефти, принадлежавшие Кувейту. Они санкционировали бомбежку морских нефтедобывающих платформ, что привело к крупнейшему за всю историю загрязнению морских вод нефтью. Они были инициаторами поджога трети всех кувейтских нефтяных скважин и уничтожения четверти миллиона людей, многие из которых были гражданскими лицами, не имевшими никакого отношения к военным действиям. Короче, они спровоцировали войну, самую губительную для окружающей среды из всех, какие когда-либо велись, и обошедшуюся в шестьдесят миллиардов долларов. Они свернули мероприятия по консервации энергии, начатые их предшественниками, почти совсем прекратили поддержку исследований по использованию энергии Солнца и отказались финансировать программу очистки мест скопления токсичных отходов, стоимость которой непрерывно возрастает. Зато они помогли процветающей атомной энергетике сделать, за счет налогоплательщиков, мощный рывок вперед, настояли на бурении нефтяных скважин в природных заповедниках и прибрежных водах и предприняли еще множество столь же дорогостоящих и разрушительных шагов. Зачем нам при таких руководителях еще какие-то внешние враги?

Те, кто стремится к таким высоким и благородным целям, как выживание человечества и его прогресс, могут забыть о своих идеалах — подавляющее большинство нынешних политических заправил озабочены, по всей вероятности, только собственным благополучием. А эта забота всегда приводила к войне.

И действительно, в настоящее время из тех миллиардов долларов, которые отбираются у нас с вами в виде налогов, огромное количество тратится на гонку вооружений и подготовку к войне, увеличивая и без того неоплатные долги нации, в то время как освобожденные от налогов главари мафии разъезжают по всей стране на лимузинах, заброшенные дети становятся жертвой различных психопатов и торговцев наркотиками, бездомные старушки возят по улицам продуктовые тележки с нажитым за всю жизнь скарбом, а граждане всех возрастов, заразившись пистолетной лихорадкой, беспрерывно стреляют друг в друга и в самих себя, дополнительно сокращая население страны на шестьдесят четыре человека ежедневно. В результате этой активности за два с половиной года у нас погибло больше людей, чем за шестнадцать лет вьетнамской войны, и около четверти миллиона было ранено.

Советский Союз, такая же супердержава, как и мы, уже потерпел фиаско, пытаясь удовлетворить неуемные аппетиты своего ВПК, и мы тоже близки к этому. Между тем относительно небольшие государства вроде Германии и Японии, тратящие на вооружение ничтожные, по сравнению с нами, средства, опережают нас почти во всех остальных сферах. Давайте прикинем, какова наша прибыль от тех триллионов долларов, что были затрачены нами на укрепление вооруженных сил за последние тридцать лет. Мы приобрели самолеты, которые не летают, танки, у которых отказывает управление, и стрелковое оружие, которое не стреляет. Говорят, что это мелочь, и ее не нужно принимать во внимание... Тогда что же нужно? Может быть, ежегодные полмиллиона тонн опасных для всего живого отходов, крупнейшим производителем которых являются вооруженные силы? Вряд ли можно сказать, что мы получаем от этого продукта какую-либо пользу, а вместе с тем его невозможно вернуть продавцу для обмена на что-нибудь, устраивающее нас больше.

И рано или поздно эти токсичные отходы обязательно просочатся в окружающую среду. Согласно официальным данным, в настоящее время существует около четырнадцати с половиной тысяч военных объектов, местность вокруг которых заражена. Обеззараживание же ее будет стоить налогоплательщикам более двухсот миллиардов долларов. Военным передано около двадцати пяти миллионов акров общественных земель, и еще восемь миллионов акров они арендуют у различных государственных ведомств вроде Управления лесного хозяйства. В пятидесяти семи национальных лесопарках, занимающих территорию в три миллиона акров, регулярно проводятся военные учения. Насколько бережно обращаются военные с землей, находящейся в их ведении, я думаю, всем понятно.

В отчете Главного управления инженерных войск США «Участок Ф» в Скалистых горах штата Колорадо назван «самой зараженной квадратной милей на всем земном шаре». Погибли тысячи и тысячи птиц и животных, решивших попить водички на этой территории. Зона «Браво 2О» в Неваде напоминает лунный ландшафт или поле битвы после непрерывного артиллерийского обстрела в течение пятидесяти лет. В 1983 — 1984 годах реки национального заповедника «Стилуотер» вышли из берегов и затопили всю окружающую территорию, смешавшись с химическими отходами на полигонах. А после того как реки вошли в свои берега, тысячи птиц и семь миллионов рыб погибли, отравленные этой водой. Леса и луга в районе Испытательной площадки Джефферсона, занимающей девяносто квадратных миль в штате Индиана, регулярно подвергаются обстрелу из артиллерийских орудий, танков и минометов. Более двадцати трех миллионов бомб и снарядов упало в этой местности, и около полутора миллионов до сих пор не разорвались. Многие из них погребены на значительной глубине, и установить их местонахождение практически невозможно. Некий специалист подсчитал, что для обеззараживания этих девяноста квадратных миль потребуется снять бульдозерами верхний слой земли толщиной «всего лишь» в тридцать футов.

«Когда империя следует *истинным путем*, — говорил Лао-цзы, — лошади развозят по полям повозки с удобрениями. Когда империя сбивается с Пути, лошади таскают под стенами города военные колесницы». И он же писал:

У меня есть три сокровища,
Которые я храню и берегу.
Первое — милосердие.
Второе — бережливость.
Третье — скромность.
Милосердие порождает отвагу.
Бережливость дает возможность быть щедрым.
Скромность обеспечивает ответственное
руководство.
Ныне же люди забыли милосердие,
Чтобы действовать без оглядки.
Они отбросили бережливость,
Чтобы развязать себе руки.
Они отвергли скромность,
Чтобы быть во всем первыми.
Это — верный путь к смерти.

Даосизм учит править, думая о «наполне-
нии желудков и наращивании мышц», — то
есть, заботясь обо всех нуждах общества, начиная с самых элементарных. Наши же политики, заправилы индустрии и денежные вороти-
лы, «заботясь об обществе», все больше средств
и все больше власти дают тем, кто находится на
самом верху. Там-то средства и пропадают на-
вечно.

Лао-цзы написал и об этом:

Императорский двор блистает.
Поля заросли сорняками.
Закрома пусты.
Сильные мира сего щеголяют
В роскошных одеждах,
Таскают острые мечи,
Объедаются и опиваются,
Захватывают несметные богатства.
Разве это князья и сановники?
Это банда разбойников.

Пух разыскал Пятачка, и они вдвоем побрели снова в Дремучий Лес.

— Пятачок, — застенчиво сказал Пух, после того как они долго шли молча.

— Да, Пух!

— Ты помнишь, я говорил — надо сочинить Хвалебную Песню (Кричалку) насчет Ты Знаешь Чего.

– Правда, Пух? – спросил Пятачок, и носик его порозовел. – Ой, неужели ты правда сочинил?

– Она готова, Пятачок.

Розовая краска медленно стала заливать ушки Пятачка.

– Правда, Пух? – хрипло спросил он. – Про... про... тот случай, когда?.. Она правда готова?

– Да, Пятачок.

Кончики ушей Пятачка запылали; он попытался что-то сказать, но даже после того, как он раза два прокашлялся, ничего не вышло. Тогда Пух продолжал:

– В ней семь строф.

– Семь? – переспросил Пятачок, стараясь говорить как можно небрежнее.

— Кхм, кхм, — раздалось робкое покашливание.

— А, Пятачок!

— Да. Ты не видел Пуха?

— Да нет. Давно уже не видел. А вот тебя я как раз хотел спросить одну вещь: как к тебе относятся в последнее время?

— Просто удивительно. Вчера два человека попросили у меня автограф.

— О! Значит, ты становишься популярным.

— Да... Это так непривычно и... приятно.

— Интересно, а как теперь держится с тобой Иа-Иа?

— Никак не держится, — сказал Пятачок. — Я с ним давно уже не встречался.

— Правда? Поздравляю от всей души. Да простит меня бедный Иа-Иа. Мне следовало бы относиться к нему терпимее.

— Да, у него и так хватает хлопот и неприятностей. Быть Иа-Иа очень непросто.

— У всех нас хватает забот, — возразил я. — У тебя тоже была привычка чрезмерно беспокоиться обо всем. Но ты сумел избавиться от нее. В том-то различие между вами и заключается. Точнее, одно из различий.

— И все-таки, — сказал Пятачок, — мы не должны обходиться с Иа-Иа слишком сурово. Я думаю, если отнестись к нему по-доброму, он это оценит. Но мне надо бежать искать Пуха, — добавил он. — Пока.

Вот так-то.

— Ты ведь не часто сочиняешь Кричалки в целых семь строф, правда, Пух?

— Никогда, — сказал Пух. — Я думаю, что такого случая никогда не было.

— А Все-Все-Все уже слышали ее? — спросил Пятачок, на минуту остановившись лишь затем, чтобы поднять палочку и закинуть ее подальше.

— Нет, — сказал Пух. — Я не знаю, как тебе будет приятнее: если я спою ее сейчас или если мы подождем, пока встретим Всех-Всех-Всех, и тогда споем ее. Всем сразу.

Пятачок немного подумал.

— Я думаю, мне было бы всего приятнее, Пух, если бы ты спел ее мне с е й ч а с... а п о т о м спел ее Всем-Всем-Всем, потому что тогда они ее услышат, а я скажу: «Да, да, Пух мне говорил», и сделаю вид, как будто я не слушаю.

Возможно, мы немного напоминаем Пятачка, остерегаясь безоговорочно поддерживать слепую веру в светлое будущее, обеспечиваемое бизнесом в его современном виде. Но поступаем так мы потому, что живем в стране, которая, имея лишь пять процентов населения всего земного шара, потребляет двадцать пять процентов всей доступной человечеству энергии и не препятствует поступлению двуокиси углерода в атмосферу, выпуская двадцать пять процентов всех газов, создающих «тепличный

259

эффект». Германия и Япония уже много лет пожинают плоды экономически выгодных крупных капиталовложений в сохранение энергии; экономическая политика, проводимая в этом отношении Германией, даже взята за образец Европейским Экономическим Со-

обществом. В то же время наше государство, ценой все больших потерь для национальной экономики, по-прежнему игнорирует этот аспект хозяйства и тратит средства на всем известные авантюры.

Провозглашаемая в нашей стране любовь к земле не может не вызывать сомнения. Разве эта любовь не должна начинаться у порога родного дома? А между тем даже при беглом взгляде на типичный американский дом или гараж нельзя не заметить колоссальное количество химического оружия, используемого в борьбе с силами природы. А уж если посмотреть вокруг дома... На одни только газоны в Америке ежегодно выбрасывается шестьдесят семь миллионов тонн пестицидов — больше, чем используется фермерами для производства пестицидосодержащих продуктов питания. Некоторые из тридцати четырех видов ядохимикатов, применяемых для создания этих чудесных лужаек, не проверялись на токсичность с 40-х годов, — да и те, что проверялись, далеко не подарок.

И если мы не вполне разделяем безмятежную уверенность, что можно и дальше безнаказанно действовать столь же безответственно, так это потому, что на нашей планете каждый день бесследно исчезают от пяти до десяти видов растений и животных, а каждую минуту уничтожается более семидесяти пяти акров лесов; потому что треть земной поверхности уже стала пустыней, а губительные для всего живого засухи и наводнения учащаются с каждым годом. В озоновом слое атмосферы над южной частью Чили под действием радиоактивного излучения образовалась дыра, которая по площади уже вчетверо превышает территорию Соединенных Штатов и продолжает увеличиваться. Уровень канцерогенного бета-излучения возрос на тысячу! процентов по сравнению с тем, что было прежде, и в результате людям приходится в середине лета носить закрытую одежду, широкополые шляпы и темные очки. В том же районе все чаще встречаются овцы, рыбы и кролики, ослепшие из-за катаракты, вызванной, по всей вероятности, ультрафиолетовым облучением.

Наблюдая, как человек обращается с землей и живущими на ней видами, которые что есть сил убегают, улетают, уползают и уплывают от него (если только они не привязаны корнями к земле и потому не могут спастись), и, слушая одновременно рассуждения о растущем осознании экологической ответственности и способности людей запросто решить все связанные с этим проблемы, невольно задаешься вопросом, уж не принимают ли тебя за дурака.

Обращаясь же к природе, наблюдая и слушая ее, проникаешься пониманием, что долго так не может продолжаться, что грядет Большая Буря, за которой последуют весьма любопытные изменения. Как сама земля, так и люди, понимающие ее — даосы, тибетские буддисты, коренные жители Америки, да и Пророк Исайя в своей книге — говорят о том, что близится новая жизнь, настолько непохожая на сегодняшнюю, что даже описать ее современным языком трудно, если возможно вообще. День, когда эта новая жизнь наступит, мы назовем Днем Пятачка.

А пока он не наступил, мы хотели бы обратиться к тем, кто до сих пор не нашел времени или не испытывал желания поближе познакомиться с миром природы, и предупредить их, что, хотят они того или нет, но знакомство это им предстоит. Не пройдет и несколько лет, как природа сама явится на порог их дома — и совсем не обязательно для того, чтобы приласкать их. Поэтому имеет смысл, пожалуй, все-таки начать знакомство с ней уже сейчас — на всякий случай.

Вот здесь лежит большущий ствол,
А он стоял вверх головой,
И в нем Медведь беседу вел
С его хозяйкою (Совой).

Тогда не знал никто-никто,
Что вдруг случится ужас что!
Увы! Свирепый Ураган
Взревел — и повалил Каштан!
Друзья мои! В тот страшный час
Никто-никто бы нас не спас.
Никто бы нам бы не помог,
Когда б не Храбрый Пятачок!
— Смелей! — он громко произнес. —
Друзья, скорей найдите трос
(Допустим, толстенький шпагат,
А лучше — тоненький канат).
И знайте: пусть грозит Беда,
Для Смелых выход есть всегда!

— Привет, Иа! — сказал я. — А мы как раз говорили о тебе.

— Как всегда, у меня за спиной. Сплошное безобразие и просто слов нет. Прямо не знаешь, чего можно ожидать в наши дни. Даже от собственных друзей. Если они, конечно, на самом деле *собственные* друзья.

— Иа, прекрати молоть вздор. У тебя есть настоящие друзья. Вот хотя бы Пятачок. Он только что уговаривал меня относиться к тебе повнимательнее ввиду того, что тебе приходится переживать массу всяких трудностей.

— Он так сказал? Маленький Пятачок так сказал? Этот утонченный благородный молодой поросеночек так сказал?

Мммм-да...

Но мы не закончили мысль... Возможно, многие этого не осознают, но человек, это Низшее Животное, к настоящему моменту вполне доказал, что он неспособен обеспечить прочное будущее ни другим видам, ни своему собственному. И потому нашей земле пришлось приступить к собственному плану спасения человечества. Верная своей щедрой и доброжелательной натуре, она неоднократно предупреждала нас о мерах, которые она собирается предпринять — причем предпринять, подчеркиваем, ради нашего с вами спасения. Люди понятливые воспринимают эти предупреждения и мотают их на ус, непонятливые же очнутся как-нибудь в вечной мерзлоте и пустоте, подобно мамонтам, которых продолжают находить время от времени на севере замурованными во льдах. Во рту у них недоеденные остатки существовавшей некогда растительности, а в глазах немой вопрос: «Але, что это за шутник отключил вдруг отопление?» Большая Буря представляется нам неизбежной прежде всего вследствие происходящего сейчас повсеместного истребления зеленого лесного покрова планеты.

Граждане США ежегодно отдают один миллиард долларов на субсидирование затеянной Управлением лесного хозяйства широкомасштабной кампании по полной передаче всех национальных лесных богатств в пользование отечественным и японским лесозаготовителям. В результате этой кампании множество птиц и животных лишились крова, не говоря уже о потерянных нами девственных лесах, от которых к настоящему моменту осталось всего четыре процента по сравнению с тем, что было до нас. А в Китае, к примеру, сорок пять миллионов человек постоянно заняты на работах по восстановлению лесов, и посадка деревьев является обязательным предметом в школах. Согласно постановлению правительства, каждый китайский гражданин старше одиннадцати лет обязан ежегодно высадить от трех до пяти деревьев (детей более младшего возраста учат выращивать траву и цветы). Представляется, что китайцы понимают кое-что лучше нас.

— А, Пятачок, вот и ты опять. Ну что, нашел Пуха?

— Нет. Просто не представляю, где он может быть. Привет, Иа-Иа.

— Здравствуй, друг, — сказал Иа. — Не то, что некоторые.

— Иа, — спросил я, — а ты не видел Пуха?

— Ну как же, видел неоднократно. Это такой невысокенький пузатенький медвежонок. Довольно безвредная личность, хотя и не особенно выдающаяся по части интеллекта, — если вы понимаете, что я...

— Да-да, понимаем. Нас интересует, знаешь ли ты, где он сейчас.

— Нет, не знаю.

— А-а, вот как раз и он, вместе с Кроликом.

— Пух, — спросил Пятачок, — ты не забыл помочь Сове убрать...

— Я никогда ничего не забываю, — сказал Пух. — У меня фонографическая память.

— Ты хочешь сказать, фотографическая, — поправил Кролик.

— Нет, фонографическая. Она крутится и крутится, как пластинка на фонографе. Иногда ее даже заедает. Поэтому я так хорошо все и помню.

— Значит, ты помог Сове это сделать, — уточнил Пятачок.

— Что сделать? — спросил Пух.

М-да. Но давайте продолжим, если вы не возражаете. Нам хотелось бы предложить парочку советов, которые могут оказаться полезными на случай упомянутых выше Грядущих Перемен.

Все, сказанное нами ранее о даосизме, достаточно убедительно, как мы надеемся, показывает, что он не требует идти раз и навсегда заданным курсом, ни на йоту не отклоняясь от него. В конце концов, даосизм — это учение о Дао, а Дао подобный жесткий подход абсолютно чужд. Уже в самой первой строке «Дао дэ цзин» Лао-цзы подчеркивает, что «*путь*, которому можно следовать [буквально: *Путь*, который может быть *путем*».] *не является неизменным путем*». (Чаще всего эту строку переводят: «*Путь*, который можно объяснить, не является *Вечным путем*».) Даосизм традиционно называют *путем дракона*, а дракон в Китае всегда был символом изменения. Учитывая, однако, тот сугубо отрицательный образ дракона, который сложился у нас на Западе, было бы, возможно, разумнее заменить дракона бабочкой. Но какой бы символ мы ни использовали, даосизм останется *путем преобразования*, способом изменения чего-то одного во что-то другое.

Веками деятельность даосов совершенно справедливо связывалась в представлении людей с магией, — ведь даосизм и представляет собой своего рода магию, проявляющуюся на том или ином уровне и в той или иной сфере жизни. Магия эта, правда, носит сугубо практический характер, но остается тем не менее магией. Мы раскроем вам два секрета этой магии — два принципа даосского преобразования, которые могут пригодиться вам в будущем. Первый принцип гласит: «Превращай отрицательное в положительное», второй — «Притягивай положительное положительным». В отличие от некоторых прочих даосских секретов, двум данным принципам не грозит опасность быть употребленными во зло: сама их природа не дает возможности злоупотребления. Наиболее же эффективны они тогда, когда к ним прибегают Пятачки.

Принцип превращения отрицательного в положительное широко применяется в даосских единоборствах, когда при самозащите энергию нападающего обращают против него самого. Образно говоря, он замахивается кулаком и попадает по физиономии самому себе. Поупражнявшись таким образом некоторое время, нападающий — если у него еще сохранились остатки соображения — бросает это дело и оставляет вас в покое.

Этот принцип можно применять буквально ко всем отрицательным явлениям, с которыми вам приходится сталкиваться. Если в вас бросают кирпичи, постройте из них дом, если помидоры — откройте овощной ларек. Часто можно преобразовать что-либо отрицательное в положительное, просто изменив свое отношение к нему. Если вы застряли в уличной пробке, то, значит, получили наконец-то возможность спокойно обдумать какую-то проблему, поговорить с другом, почитать книгу, написать письмо. Перестав придавать чрезмерное значение собственной персоне, собственным планам и представлениям о том, как все вокруг должно быть устроено, мы даем возможность окружающему устроиться самому наиболее естественным и целесообразным образом.

Точно так же можно исправить отрицательные черты собственного характера. Неискоренимый эгоцентризм можно преобразовать в альтруистическую преданность общему делу; стремление наставлять других — в решимость управлять собственной судьбой, усовершенствовать себя самого и помочь другим сделать то же самое; чрезмерную въедливость — в умение добиваться цели, последовательно и кропотливо увязывая одну задачу с другой; нерешительность — в гибкость и беспристрастность. И так далее.

И вот герой вознесся ввысь,
Туда, туда, где брезжил свет, —
Сквозь щель Для Писем и Газет!
Хоть все от ужаса тряслись
И говорили «Ох» и «Ах», —
Герою был неведом страх!

О ХРАБРЫЙ, ХРАБРЫЙ ПЯТАЧОК!
Дрожал ли он? О нет! О нет!
Нет, он взлетел под потолок
И влез в «Для Писем и Газет».
Он долго лез, но он пролез
И смело устремился в Лес!

Наглядным примером превращения отрицательного в положительное служит жизнь одного из наших любимых героев, английского писателя Чарльза Диккенса, пользующегося заслуженной всемирной славой.

В январе 1838 года Диккенс под вымышленным именем совершил поездку в Йоркшир, чтобы самолично расследовать порядки, царящие в местных школах-интернатах, где, по слухам, с детьми-сиротами обращались очень жестоко. Ему не потребовалось много времени, чтобы убедиться, что дурная слава этих школ даже приукрашивает действительное положение дел. В обвинительном свидетельстве против школьного учителя Уильяма Шоу, написанном под диктовку со слов одного из учеников, ослепших под его попечением, говорилось:

«На ужин обычно дают теплое молоко, воду и хлеб... В каждой постели спят по пять мальчиков... В воскресение к завтраку дают пенки и накипь со стенок кастрюль, с червяками... В школе учится девятнадцать мальчиков, и двое из них совершенно слепые... В ноябре он тоже совсем ослеп и был переведен в специальное помещение, где, кроме него, находилось еще девять слепых школьников...»

В один из сумрачных дней, когда снег покрывал землю, Диккенс бродил по йоркширскому кладбищу, читая надгробные надписи и считая могилы детей, умерших в дешевых приютах. На одной из могил он прочитал: «Здесь лежат останки Джорджа Эштона Тейлора, скоропостижно скончавшегося в стенах учебного заведения мистера Уильяма Шоу...» Возле этой могилы у писателя зародился образ одного из персонажей его будущего романа, бедного мальчика по имени Смайк, замученного до смерти жестоким учителем. Роман «Жизнь и приключения Николаса Никльби» был написан с целью привлечь внимание общественности к школам, с которыми Диккенс познакомился, и, по его собственному выражению, «уничтожить их». И спустя несколько лет после опубликования «Николаса Никльби» йоркширские школы-тюрьмы были действительно навсегда закрыты под давлением общественного возмущения.

Пережив в детстве немало тяжелого — отец находился в долговой тюрьме, а сам Чарльз, застенчивый и впечатлительный маленький мальчик, должен был работать по десять часов в день на складе, где бегали крысы, — он впоследствии опирался на свой ранний опыт, высвечивая самые темные закоулки самодовольного викторианского общества, и в развлекательных — на первый взгляд — сочинениях разоблачал равнодушие общества к судьбе несчастных и его терпимость ко злу. Но как писатель, он в первую очередь действительно ставил задачу развлечь читателя, а не принять участие в деятельности по реформированию общества, ибо он устал от реформаторов, чья бессмысленная политическая возня лишь отвлекала людей от дела, за которое сами реформаторы так ратовали, и сводила на нет их собственные усилия.

Чарльз Диккенс предпочитал очаровывать читателей, в большинстве лондонцев, легкими, насыщенными юмором, историями и создавал теплую, уютную атмосферу, внушающую читателям чувство безопасности и уверенность в том, что все проблемы будут решены и добро восторжествует. А затем он неожиданно вводил в этот искусственный тепличный мир тех, о ком люди с утонченными вкусами предпочитали не вспоминать, — бедняков, отверженных обществом, униженных и оскорбленных. И в результате общество постепенно начинало проявлять внимание к этим забытым несчастным. Проведя безотрадное детство в неблагополучной семье, где отца трудно было назвать настоящим отцом, а мать — настоящей матерью, Чарльз почти исключительно собственными усилиями создал типично викторианскую, крепкую семью и принял участие в укоренении одной из самых ярких английских традиций — семейного Рождества. Он сделал многое для распространения современного по духу (а ныне грозящего исчезновением) взгляда на детство как на важнейший период в жизни человека, требующий бережного и уважительного отношения .

Во время рождественских праздников Чарльз Диккенс, который был искусным фокусником-любителем, часто, к восторгу своих детей и их друзей, развлекал их, превращая коробку печенья в морскую свинку, вытаскивая сливовый пудинг из пустой кастрюли или заставляя монеты летать по воздуху.

Да и во всем остальном он был в некотором роде фокусником, потому что всю жизнь каким-то чудом превращал неприглядную действительность в нечто гораздо лучшее. Он вселял надежду в души людей, почти уже потерявших ее, и в особенности в души заброшенных, беззащитных детей, до которых раньше никому, похоже, не было дела. И уж для них-то он никак не был поверхностным развлекателем. Когда Диккенс умер, тысячи людей приходили поклониться его могиле в Вестминстерском аббатстве. Как вспоминает его сын, среди множества цветов, возложенных на могильный камень, можно было увидеть маленькие букетики, перевязанные обрывком тряпки.

> Да, он, как молния, мелькнул,
> Крича: — Спасите! Караул!
> Сова и Пух в плену. Беда!
> На помощь! Все-Все-Все сюда! —
> И Все-Все-Все (кто бегать мог)
> Помчались, не жалея ног!
> И вскоре Все-Все-Все пришли
> (Не просто, а на помощь к нам),
> И выход тут же мы нашли
> (Вернее, он нашелся сам).
> Так славься, славься на века
> Великий Подвиг Пятачка!

— Привет, Кенга! Что это ты рассматриваешь?

— Да вот, только что по ошибке пришло письмо, адресованное Пятачку.

— Да? Это странно. Наш почтальон обычно не ошибается. И где моя почта, хотел бы я знать?

— Дело в том, что Тигра вызвался разнести почту и убежал с мешком, — сказала Кенга.

— Боюсь тогда, что мои письма и каталоги будут развеяны по всему Дремучему Лесу. А жаль.

— Я прослежу за этим, — тут же встрепенулся Кролик, беря бразды правления в свои лапы. — Сова, ты тоже понадобишься для рекогносцировки с воздуха. Иа-Иа, пошли со мной тоже. И Пух, и Пятачок...

— Пятачок останется здесь, — вмешался я. — Это письмо представляется мне очень важным.

Пока Пятачок читает письмо, давайте поговорим о принципе привлечения положительного положительным. Его легче будет понять, рассмотрев сначала противоположное явление — а именно уже знакомый нам «эффект Иа-Иа». Если постоянно говорить ребенку, что он некрасив и неловок, туп и ни на что не способен, то он в конце концов таким и станет. Наш мозг запоминает достаточно часто повторяемые утверждения и воспринимает их как данность, хотя на самом деле они могут и не соответствовать действительности. Особенно подвержены подобному внушению чувствительные Пятачки. Но эта же особенность делает их более способными к самоусовершенствованию. Поэтому даосизм, наряду с утверждением высших ценностей и позитивного подхода к ним, подчеркивает необходимость воспитывать в себе пятачковые качества.

— Нич-чего не понимаю, — сказал Пятачок. — Может быть, ты объяснишь, что это значит?

— Ого! Уже сам конверт впечатляет: «Сэндхерстский университет. Д-р Пембертон К. Трокмортон, Маг. Иск., Д-р Ф-фии» и прочая, и прочая.

Письмо было адресовано «Пятачку, эскв.» и начиналось обращением: «Уважаемый Сэр, По поручению Правления Сэндхерстского университета сообщаю Вам о решении Правления присвоить Вам почетную степень Храброго Животного («Х. Ж.»). Мы были бы очень рады видеть Вас на церемонии награждения, которая состоится...»

— Пятачок, это просто замечательно! Почетная степень Сэндхерстского университета — это тебе не фунт изюма. Будет что повесить на стенку. Я и не знал, что они присваивают такие степени.

Но вернемся к нашим проблемам...

Лучшим примером привлечения положительного положительным может служить даосская медицина, которая полагает, что для сохранения здоровья нужно в первую очередь это здоровье и изучать — как физическое, так и психическое. Западная же медицина уповает на хирургию, лекарства и техническое оснащение, и потому в поисках источников здоровья роется в болезнях и смерти. Больница у нас — не столько место восстановления здоровья людей, сколько поле боя вооруженных до зубов медиков с болезнями.

Такой же негативно-агрессивный подход наблюдается и в бизнесе, особенно западном. Считается, что успеху в делах способствует, прежде всего, наступательный, агрессивный подход, в то время как в действительности залогом успеха является скорее всего позитивное отношение человека к своему делу, увлеченность им. Однако со стороны создается впечатление, что побеждает именно захватническая тактика, и именно ею стараются в первую очередь овладеть новички. Таким образом, агрессивность порождает новую агрессивность, и в результате бизнес превращается в войну всех со всеми, в которой победителями выходят очень немногие, да и те вряд ли так уж удовлетворены своей победой и довольны жизнью.

«Познай мужское начало, но придерживайся женского... Вернись к детскому состоянию». «Дети, играющие в жизнь, понимают ее законы и отношения яснее, чем взрослые, считающие себя более мудрыми благодаря накопленному опыту — то есть ошибкам». «У великого человека сохраняется разум ребенка». Великий человек, добавили бы мы, играет, как ребенок, и привлекает, как женщина. Поверхностному взгляду может показаться, что игра его повзрослому серьезна, а привлекательность чисто мужская, но на самом деле в глубине кроется детское и женское начало.

Все это подводит нас к разговору о человеке, который был самым великим Пятачком всех времен и народов и сумел изменить собственную жизнь и жизнь миллионов других людей с помощью той колоссальной силы, какую приобретает человек, умеющий притягивать положительное положительным. Лучше всего его характеризуют следующие строки Чжуан-цзы:

Если бы мудрец правил империей, он сообразовывался бы с тем, что происходит в умах его подданных, и благодаря этому добился бы, чтобы они бессознательно и охотно действовали согласно его принципам. Их поведение изменилось бы, исчезло бы присущее им зло и агрессивность, они стали бы личностями, которые искренне стремятся к общему благу, как будто делают это по собственной инициативе.

Разве может сравниться с этим кто-либо из правителей, известных нам из истории, — даже из самых великих? Такой мудрец мог бы быть разве что выходцем из каких-то доисторических времен, и его главной целью было бы привести умы современников в соответствие с Добродетелью далекого прошлого.

В детстве Мохандас Карамчанд Ганди был хрупким и очень застенчивым мальчиком. «Моими единственными товарищами были книги и лекции учителей, — вспоминал он позднее, — моим единственным стремлением — быть в школе к началу занятий и бежать домой, как только они заканчивались. Я бежал в буквальном смысле этого слова, потому что боялся заговорить с кем-нибудь». Годами он не выходил из дома по вечерам. Окончив школу, он поехал в Англию изучать право. «Даже придя в чей-то дом с визитом, — писал он, — я не мог открыть рта, если в комнате было много людей».

Но Ганди хорошо усваивал уроки, которые ему давали, — как в школе, так и в жизни. Среди наиболее ценных были те, что он получил от родителей. Отец научил его быть храбрым, щедрым и не изменять истине и моральным принципам; от матери он перенял мягкость, скромность и внимательность к другим, а также ту гибкую силу, которая позволяет человеку побеждать, уступая. Оба они принесли ему понимание той истины, что для достижения цели необходимо действовать, а упорство в следовании добру в конце концов непременно принесет победу над злом, если даже для этого потребуется немалое время. Многому Ганди также научился на собственном многолетнем опыте — том горьком опыте, какой достается всем Пятачкам.

Усвоенные уроки Ганди использовал в борьбе за права всех угнетенных, и вскоре стал признанным лидером, побеждавшим там, где сдавались бойцы и с большим стажем. Секрет его успеха заключался в том, что он «сражался, не сражаясь», как говорит старинное китайское выражение. В Южной Африке он возглавил кампанию против законов, ограничивавших права индийцев, причем вел ее без применения насилия. Тем не менее Ганди был брошен в тюрьму, где прочитал работу Г. Д. Торо «О гражданском неповиновении», которая произвела на него сильное впечатление. Но такие слова, как «неповиновение», «сопротивление» были ему не по душе, и в поисках какого-то более позитивного термина он вместе со своим двоюродным братом выбрал термин «Сатьяграха», что означает «Упорство в Истине».

Ганди был уверен, что добиться правды легче, если не пытаешься уничтожить противника, а терпеливо, уважая его человеческое достоинство, переубеждаешь его. Ему снова и снова говорили, что ничего у него не получится, и снова и снова, вопреки, казалось бы, непреодолимым препятствиям, все у него получалось.

В Южной Африке в результате его деятельности был принят закон о правах индийцев; в Индии были проведены демократические реформы, объединены враждующие партийные группировки и разделенные много лет территории; возродились многие отрасли национальной промышленности; гражданская война была остановлена, а страна освобождена от английского владычества; и наконец, было покончено с многовековой кастовой системой, при которой «неприкасаемых» преследовали и бросали в тюрьмы. Не занимая каких-либо правительственных постов, Ганди был истинным лидером всей нации и пользовался таким всенародным уважением, с которым не могли сравниться по силе воздействия никакие официальные полномочия. Его прозвали, к его крайнему неудовольствию, «Махатмой» — то есть «Великой душой». Ганди постоянно говорил, что в нем нет ничего божественного и что любой человек может достичь такого же успеха, если будет придерживаться принципа «сатьяграха».

Где бы Ганди ни был, он преобразовывал жизнь и людей вокруг себя. Один из его друзей и биографов писал: «Ганди ... изменял людей потому, что видел их не такими, какими они себя считали, а такими, какими они хотели быть, — как будто то лучшее, что в них было, составляло их сущность».

О Махатме Ганди и его «Упорстве в истине» написано очень много; однако лучшей его характеристикой, на наш взгляд, являются строки, никогда не связывавшиеся напрямую с его именем и написанные за несколько сотен лет до его рождения Лао-цзы буквально на всех страницах «Дао дэ цзин»:

Нет ничего на свете более податливого и мягкого, чем вода. И вместе с тем ничто не сравнится с ней в умении преодолевать самое жесткое сопротивление. Гибкость способна победить жесткость; мягкость способна победить твердость.

Почему мы говорим, что море — царь десяти тысяч рек? Потому что оно расположено ниже их. Так и великий правитель должен ставить себя ниже своих подданных. Чтобы вести их вперед, он должен идти позади них. Тогда они не будут испытывать его гнета и не будут подавлены его высоким положением. Всем будет легко при таком правлении, и все будут счастливы продлить его.

Хороший военачальник не бросается в атаку первым. Хороший борец не позволяет гневу овладеть собой. Хороший победитель не угнетает побежденных. Хороший начальник не ставит себя выше подчиненных. Все это называется «умением действовать ненасильственными методами», «использованием способностей людей» и «уподоблением божественному промыслу» — то есть высшим достоинством, какое было известно древним.

Я хорош с теми, кто хорош, и с теми, кто нехорош. И в результате все становятся хорошими. Я искренен с теми, кто искренен, и с теми, кто неискренен. И в результате все становятся искренними.

Даже самое усовершенствованное оружие — орудие зла. Все живое ненавидит его. Тот, кто следует истинным Путем, не пользуется оружием... Наслаждаться плодами победы, проявляя свою силу, значит наслаждаться расправой. Тот, кто наслаждается массовой расправой, никогда не объединит под своим началом всю нацию... Мудрый правитель рассматривает военный успех как поражение.

Тот, кто действует силой, умирает насильственной смертью. Это основа основ моего учения.

Уступай, и победишь. Склонись, и возвысишься. Отдай все, и получишь все... Великий человек объемлет Единое и становится его эталоном для империи. Он сияет, не рисуясь. Он становится знаменитым, не пытаясь самоутвердиться. Он получает признание, не стараясь приписать себе все заслуги. Он добивается успеха, не хвастаясь. Он не борется с другими, и другие не стремятся опередить его. «Уступай, и победишь», – говорили древние. Разве это пустые слова? Воплоти их в жизнь, и все станет для тебя доступным.

Многие полагают, что советы, которые Лао-цзы дает как правителям, так и людям, стремящимся управлять своей судьбой, звучат прекрасно, но в реальной жизни от них мало толку. А между тем эти принципы способны на очень многое. Они способны даже творить чудеса — хотя Мохандас Ганди никогда не употребил бы этих слов, как и сам Лао-цзы. Он слишком хорошо понимал природу этих «чудес» и знал, что они получаются путем настойчивого, терпеливого применения законов духовного совершенствования, и в первую очередь, Закона Притяжения Положительного Положительным.

— А вот и мы! — сказал Пух.

— Задача выполнена, — объявил Кролик.

— А для Пятачка у нас настоящий сюрприз, — прибавила Сова.

— Да уж вижу, — сказал я. — Все эти письма?

— Да, — сказал Пух.

— От поклонников, — уточнила Сова.

— Мне? — пропищал Пятачок каким-то странным голосом, как будто у него в горле что-то застряло. — Я... Я даже не знаю, что сказать...

— Вот и не говори ничего, — мрачно бросил Иа-Иа.

— Иа, — напомнил я ему, — ты не забыл, ч т о Пятачок говорил недавно?..

— Я имел в виду, — объяснил Иа, заметно просветлев, — что в таких случаях просто нечего сказать.

— Ну то-то же.

— Особенно такому Исключительно Скромному и Непритязательному Существу, как Пятачок.

— Вот-вот.

— Или как я.

— Хмм...

Даосы давно обратили внимание: когда что-нибудь достигает своего крайнего предела, то превращается в свою противоположность: «ян» (мужское начало) превращается в «инь» (начало женское) и так далее. Нынешний век, когда человек поистине дошел до крайнего предела, можно с полным основанием назвать Веком Воина. Человек воюет с человеком, с землей, со всем на свете... И потому, по логике даосов, следующий век должен быть Веком Исцелителя. Но прежде чем он наступит, должно произойти что-то вроде Великого Очищения.

Меры самозащиты, которые предпримет наша планета, — выбрасывание из своего организма изготовленных человеком ядов, залечивание нанесенных человеком ран и так далее — несомненно, повергнут многих в страх.

Многие обратятся к якобы всемогущей религии, уверяющей, что человек — избранник Бога, в надежде, что это спасет их от божьего гнева (не понимая, что своими действиями они-то и навлекают на себя грядущие беды, а вовсе не Высшие Силы Универсума, которым абсолютно чужда столь мелкая мстительность, подходящая разве что какому-нибудь «крутому парню» из захолустья). Многие обнаружат вдруг, что не находятся в нужный момент в нужном месте, — и все оттого, что не захотели вовремя прислушаться к тому, о чем предупреждала их Природа. Многие станут проклинать весь мир, и себя сочтут проклятыми.

Но если разобраться, то ведь на самом деле нам повезло так, как не везло всем предшествующим поколениям: мы явимся свидетелями удивительного преобразования мира, совершенного природными силами. Мы воочию увидим то время, которое древние даосы называли Веком Совершенной Добродетели.

Когда мы освободимся от остатков нынешней противоестественной цивилизации, мы возвратимся к той божественной гармонии, которая существовала до Великого Отторжения. Человек навсегда усвоит урок, преподанный историей, и наступит век мудрого, ненасильственного правления, о котором писал Лао-цзы и которое осуществлял на практике Мохандас Ганди. Это и будет великий День Пятачка.

Прощание

На прощание я решил увенчать нашу Даосскую Искпедицию (а может быть, Экспозицию, или, может быть, что-то еще) двумя-тремя мудрыми изречениями. А чтобы соблюсти демократический принцип всеобщего представительства, мы решили позаимствовать три отрывка из сочинений, появившихся в разных странах. Первый — старинное буддистское изречение, второй — цитата из книги Артура Конан Дойля, а третий — краткий пересказ одной из сказок Ганса Христиана Андерсена.

— Заимствовать чужое всегда очень соблазнительно, правда? — сказал Пятачок.

— Ага, — в тон ему пробурчал Иа-Иа, — а потом забыть отдать обратно.

...Тем не менее вот буддистское изречение:

В мире истины нет ни Востока, ни Запада. Как же тогда определить, где Север, а где Юг? Но закрытость мира — это иллюзия. Свет истины делает мир открытым со всех сторон.

А затем высказывание Шерлока Холмса из рассказа «Морской договор»:

— Нигде дедукция не нужна так, как в религии, — сказал он, прислонившись спиной к ставням. — Ее можно выстроить логически, как точную науку. Мне представляется, что лучшим свидетельством доброй воли Божественного Провидения служат цветы. Все прочее — наши возможности, наши стремления, наша пища, наконец, — необходимо прежде всего для нашего выживания. Но возьмите эту розу. Ее цвет, ее запах — это украшение жизни, а не предмет первой необходимости.

Что, если не доброжелательство, может побудить дать что-либо сверх самого необходимого? Так что цветы действительно дарят нам надежду.

И, наконец, пересказ сюжета «Сказки о соловье»:

Китайский император очень любил слушать пение соловья, потому что тогда в его душе воцарялись покой и умиротворение. Однажды ему подарили механического соловья, позолоченного и обсыпанного драгоценными камнями. К удивлению императора, игрушка с абсолютной точностью воспроизводила песню живого соловья. Вскоре всю империю облетела весть о механической птице, которая могла петь по желанию императора в любой момент снова и снова. Все (или почти все) — от придворных до деревенских ребятишек — восхищались удивительным изобретением. О настоящем соловье забыли, и он улетел. Но спустя некоторое время механическая игрушка сломалась. Императору так не хватало соловьиного пения, что он заболел.

Ему становилось все хуже, и даже стали бояться за его жизнь. И тут на окно прилетел живой соловей и завел свою трель. Воля к жизни вернулась к императору, и он выздоровел.

А теперь Пятачок споет нам свою заключительную песнь — как-никак, а это все же *его* книга.

— Ты готов, Пятачок?

— Д-да...Я д-д-думаю, д-да, — ответил Пятачок, слегка заикаясь от волнения. — Он-на н-начин-нается т-т-так:

> Давайте Путь
> Найдем,
> Что, как река, течет.
> Если с него
> Не свернем,
> Он в Завтра нас приведет.

Оставим в прошлом
Все,
Что тянет назад невольно,
А себе оставим
То,
Что жизни нашей достойно.

Давайте жить
И ценить
Все, что живет вокруг —
И забытый
Жизни секрет
Мы, может быть, вспомним вдруг.
И в любой беде,
Всегда и везде
Он поможет, как старый друг.

Начало пути
Легко найти —
Оно у нас под ногами.
Но куда ни пойдешь,
Конца не найдешь, —
Ни за морем, ни за горами.

Путь убегает
Вдаль,
Как река (ручеек в начале),
Он ведет нас
В даль —
Дальше, чем мы мечтали.

— Пятачок, это превосходно! — сказал я. — Я был уверен, что у тебя получится.

— Мы что, дошли до самого конца? — спросил Пятачок.

— Да, — ответил я, — по-видимому, так.

— Это похоже на конец, — заметил Пух.

— Похоже-то оно похоже, но... — сказал Пятачок.

— Но... что?

— Но мне кажется, что это похоже и на начало.

Бенджамен Хофф — писатель из Орегона, фотограф, музыкант, композитор, который питает слабость к Лесам и Медведям. А также Пятачкам. Б. Хофф — бакалавр искусств (насколько он помнит, его диссертация была посвящена искусству Азии, но этот вопрос требует уточнения, поскольку он давно в нее не заглядывал). До последнего времени увлекался японским оформительским искусством; теперь же посвящает все свое время — или, по крайней мере, большую его часть — писательскому труду. Остальное время он уделяет даосской йоге, даосскому кулачному бою *тайцзицюань*, запуску бумажных змеев, изготовлению и бросанию бумерангов, а также даосскому теннису (хотя и не вполне ясно, что это такое). Кроме того, писатель любит поваляться на полу и поспать.

Бенджамен Хофф — автор книг «Дао Винни-Пуха», «Дэ Пятачка» и «Поющий ручей, на котором растут ивы: мистический дневник природы Опала Уитли».

Хофф, Б.

Х 85   Дэ Пятачка : [эссе] / Бенджамен Хофф ; [пер.
с англ. Л. Высоцкого ; илл. Эрнеста Г. Шепарда]. —
СПб. : Амфора. ТИД Амфора, 2004. — 300 с.
       ISBN 5-94278-676-3

       Вторая книга американского писателя Бенджамена
Хоффа продолжает тему даосизма в сказке А. Милна. На
сей раз речь идет о Пятачке, который, как выясняется, является истинным воплощением *дэ* — добродетели.

ББК 87(7Сое)

Научно-популярное издание

Бенджамен Хофф
ДЭ ПЯТАЧКА

Ответственный редактор *Елена Шипова*
Художественный редактор *Егор Саламашенко*
Технический редактор *Любовь Никитина*
Корректор *Елена Гарпинченко*
Верстка *Максима Залиева*

Подписано в печать 29.11.2004.
Формат издания 70×100$^1/_{32}$. Печать офсетная.
Усл. печ. л. 12,35. Тираж 15 000 экз.
Заказ № 1176.

Издательство «Амфора».
Торгово-издательский дом «Амфора».
197342, Санкт-Петербург,
наб. Черной речки, д. 15, литера А.
E-mail: amphora@mail.ru

Отпечатано с диапозитивов
в ФГУП «Печатный двор» им. А. М. Горького
Министерства РФ по делам печати,
телерадиовещания и средств массовых коммуникаций.
197110, Санкт-Петербург, Чкаловский пр., 15.

издательство амфора

ПРЕДСТАВЛЯЕТ

Бестселлер 2004 года!

бенджамен хофф

ДАО ВИННИ-ПУХА

Один из самых крутых даосов мира вовсе не китаец или
убеленный сединами философ, а не кто иной,
как бесстрастный Винни-Пух, созданный фантазией
английского сказочника А. А. Милна. По признанию
журнала «Афиша», «простая житейская мудрость
плюшевого медведя — „необработанного куска дерева"
в китайской терминологии, ведет читателя прочь
от суетливости Кролика, трусливости Пятачка и тщеславия
Совы к счастью и покою „путем Пуха", или, что то же самое,
„у вэй". „Дао" Хоффа — во многом прообраз незабвенного
трактата Вадима Руднева „Винни-Пух и философия
обыденного языка". Надо признать, что у по-даосски
простодушного американца книга вышла, может, и не такая
умная, зато точно веселей и полезней».

Лев Данилкин. «Афиша»

издательство
амфора

ПРЕДСТАВЛЯЕТ

янвиллем ван де ветеринг
ПУСТОЕ ЗЕРКАЛО

Ветеринга смело можно назвать «человеком мира»: родился в Амстердаме, жил в Южной Африке, Японии, Перу и Колумбии. Результатом посещения Японии стала книга «Пустое зеркало», которую он написал после двухлетнего пребывания в одном из дзэнских монастырей Киото. Дзэнский опыт Ветеринга — это живой, познавательный, с юмором написанный отчет о яростной борьбе европейца за просветление. Ветеринг проявляет глубокое уважение к учению дзэн, но книгу отличает то, что в ней отсутствуют раздражающая восторженность новообращенного и призывы немедленно последовать примеру автора.

*По вопросам поставок
обращайтесь:*

ЗАО Торговый дом «Амфора»

115407, Москва,
ул. Судостроительная, д. 26, корп. 1
(рядом с метро «Коломенская»)
Тел.: (095) 116-68-06
Тел./факс: (095) 116-77-49
E-mail: amphoratd@bk.ru

ЗАО Торгово-издательский дом «Амфора»

197342, Санкт-Петербург,
наб. Черной речки, д. 15, литера А
Тел./факс: (812) 331-16-96, 331-16-97
E-mail: amphora_torg@mail.ru